30
课后半小时

中国中小学生
人文·社会·科学

通识教育课

游中国　看世界

人文·地理

盛宝军　葛雅婧◎编著

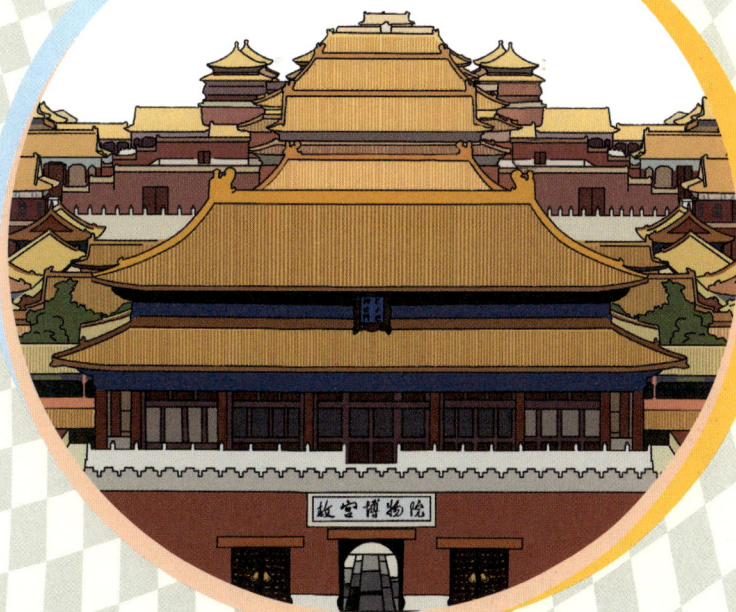

山东教育出版社
·济南·

图书在版编目（CIP）数据

游中国　看世界 / 盛宝军，葛雅婧编著 . -- 济南：
山东教育出版社，2024.11. （2025.2 重印）--（中国中小
学生通识教育课）. -- ISBN 978-7-5701-3339-0

Ⅰ. K901-49

中国国家版本馆 CIP 数据核字第 2024Y0T427 号

YOU ZHONGGUO　KAN SHIJIE

游中国　看世界　　　　　　　　　盛宝军　葛雅婧 / 编著

主管单位：山东出版传媒股份有限公司

出版发行：山东教育出版社

地址：济南市市中区二环南路 2066 号 4 区 1 号　　邮编：250003

电话：（0531）82092660　　网址：www.sjs.com.cn

印　　刷：济南新先锋彩印有限公司

版　　次：2024 年 11 月第 1 版

印　　次：2025 年 2 月第 2 次印刷

开　　本：787 毫米 × 1092 毫米　1/16

印　　张：6

字　　数：123 千字

定　　价：49.00 元

（如印装质量有问题，请与印刷厂联系调换）印厂电话：0531-88618298

序 言

新课程改革给教育带来了极大的变化，其中最大的变化就是强调培养德智体美劳全面发展的人。过去，我们的学校教育偏重应试教育，导致素质教育不能得到真正落实。为了改变这一局面，新课标增加了通识教育的内容。

通识教育是教育的一种，它的目标是在现代多元化的社会中，为受教育者提供跨越不同群体的通用知识和价值观。随着人类对世界的认识日益深入，知识分类也变得越来越细。人们曾以为掌握了专业的知识，就能将这一专业的事情做好。后来才发现，光有专业知识并不一定能在相关领域有所创造。一个人的创造力必须是全面发展的结果。我国古代的思想家很早就认识到通识教育的重要性。古人认为，做学问应"博学之，审问之，慎思之，明辨之，笃行之"，并且认为如果博学多识，就有可能达到融会贯通、出神入化的境界。如今，开展通识教育已经成为全世界教育工作者的共识。通识教育让我们的学校真正成为育人的园地，培养德智体美劳全面发展的人。

家长们也许要问，什么样的知识才具有通识意义？这正是通识教育关注的焦点问题。当今世界风云变幻，知识也在不断更新，这就需要更多的专业人员站在人类文明持续发展的高度，从有益于开发心智的角度出发，在浩瀚的知识海洋中认真筛选，为学生们编写出合适的书籍。

目前，市面上适合中小学生阅读的通识教育类的书籍并不多见，而这套《中国中小学生通识教育课》则为学生们提供了一个很好的选择。该系列涵盖人文、社会、科学三大领域，内容广泛，涉及哲学、历史、文学、艺术、传统文化、文物考古、社会学、职业规划、生活常识、财商教育、地理知识、航空航天、动植物学、物理学、化学、科技以及生命科学等多个方面。编写者巧妙地将丰富的知识点提炼为充满吸引力的问题，又以通俗有趣的语言加以解答。我相信，这套丛书会受到中小学生们的喜爱，或许会成为他们书包中的常客，或是枕边的良伴。

贺绍俊

文学评论家

目录 CONTENTS

游中国　看世界

　　漠河的北极村到底有多冷？故宫为什么又叫"紫禁城"？"东方女儿国"真的存在吗？撒哈拉沙漠原来竟是一片生机盎然的绿洲？从壮丽的山川湖海到悠久的历史遗迹，我们用文字丈量土地，运用地理空间思维带你去游中国、看世界，领略多元文化的碰撞与融合之美。

漠河的北极村到底有多冷？

好想带你去北极村吹吹风！

你是想让我冻成冰棍吧！

"神州北极"

北极村位于中国最北的城市——黑龙江省漠河市。北极村紧邻黑龙江，江的对岸就是俄罗斯。村北江边的一块石碑上，刻着"神州北极"四个大字。这块石碑与海南岛天涯海角的"南天一柱"齐名，并遥相呼应。

事实上，中国领土的最北端位于漠河市图强镇以北黑龙江主航道的中心线上，距离北极村有 60 多千米。

北极村到底有多冷？

虽然北极村距离中国最北端还差了那么"一丢丢"，却不妨碍这里成为中国冬季最冷的地方。漠河市年平均气温在 -5.5℃，最低气温纪录是 -53℃。这个最低气温虽然不是在北极村测得的，但地处漠河市北边的北极村，冬天一天中的最低气温低于 -30℃ 是家常便饭，突破 -40℃ 的时候也很多。在这样严寒的天气中出一趟门，会带回来满面冰霜。有人专门来到北极村，泼一壶热水体验"泼水成冰"的乐趣。

你如愿以偿了！

北极村为什么这么冷？

首先，北极村位置偏北，纬度较高，正午太阳高度角较小，获得的太阳热量少。

其次，北极村紧邻冬季风的源地西伯利亚和蒙古一带，寒冷的冬季风加剧了这里的严寒。

另外，这里冬季黑夜漫长，日照时间很短，使得地表接收到的热量较少。

💡 你知道吗？

只有北极圈以北和南极圈以南的寒带地区才有真正的极昼和极夜。中国北极村虽然位置偏北，可是距离北极圈还很远，夏天白天虽然很长，但太阳还是会落山的；冬天夜晚漫长，但终究也有日出天亮的时候。

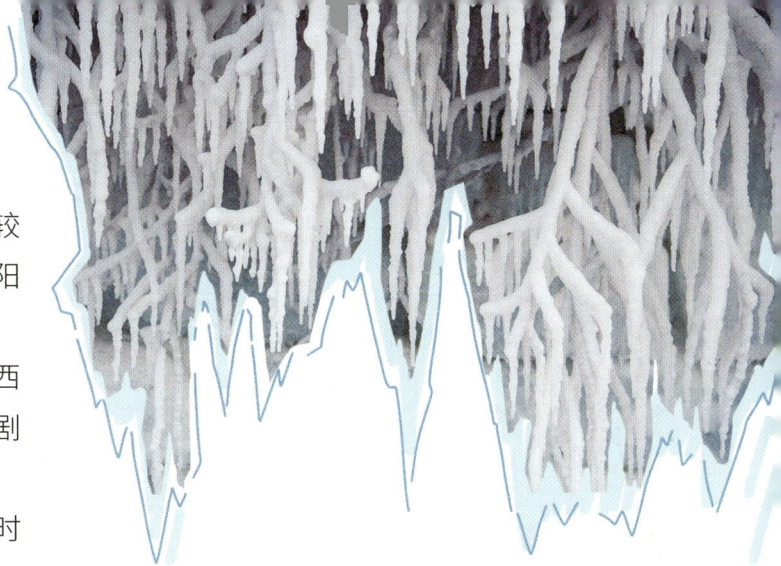

生活在这里的人怎么御寒？

在北极村，室内还是很暖和的，因为平房都有火炉、火墙和火坑。之前，人们在火炉里烧木材或煤炭，让热量通过火墙散发出来；生火做饭的时候，让烟气经过火炕，加热火炕的同时，使室内升温，睡觉也很暖和。如今很多人家安装了暖气，用管道连接一组组暖气片，让每个房间都能均匀升温。外面冰天雪地，室内温暖如春，室内外的温差常常超过60℃，所以要出门的话，一定要从头到脚把自己包裹得严严实实才行。

我也冻得快罢工了！

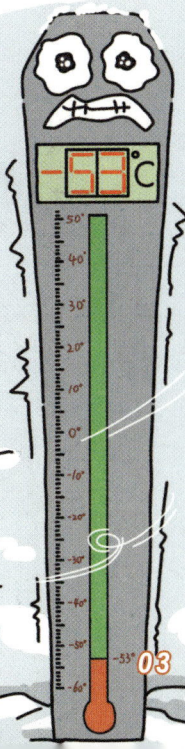

-53℃

长白山天池是天使遗落人间的一滴泪吗?

站在这里，我所有的烦恼都不见了!

长白山天池有多大?

长白山天池坐落在吉林省境内长白山主峰火山锥体的顶部。水面面积9.82平方千米，相当于1300多个标准足球场的大小。

根据清代刘建封所著《长白山江冈志略》记载:"天池在长白山巅的中心点，群峰环抱，离地高约20余里，故名为天池。"然而，受限于当时的勘探技术，这一数据或有夸张。实际上，天池水面的海拔为2189米，远超五岳之首泰山主峰玉皇顶的1545米，其名为"天池"也是名副其实。

天池有多大?

有1300多个标准足球场那么大!

湖泊为什么跑到了山顶上?

我们都知道水往低处流，可是山顶上为什么会有这样一个大湖呢?传说，西王母的女儿从瑶(yáo)池抛落人间一面宝镜，便化作了天池。当然，这只是个美丽的传说，并非真实的历史记录。其实，长白山是一座休眠火山，经过多次喷发之后，火山口处形成盆状凹陷，时间一长，积水成湖。在明朝中期，天池的形态基本定型，自此成为一处壮丽的自然景观。

天使遗落人间的一滴泪

天池的景色壮美动人，特别是天气晴朗的时候，湖面宁静清澈，深邃（suì）无比，散发着摄人心魄但略带忧伤的美。天池四周群山环抱，层峦叠嶂，犹如一幅天然的山水画，让人仿佛置身于仙境之中。天池的纯净和美丽让人不禁联想到天使的眼泪，它的清澈纯净仿佛能净化人的心灵，涤荡一切尘世的烦恼。

你整天逍遥自在，哪有什么烦恼呀？

长白山天池有"水怪"吗？

长期以来，长白山天池存在"水怪"的传言不绝于耳，有人甚至声称自己目击了类似"水怪"的生物。然而，由于缺乏确凿的证据，这些目击事件无法证实"水怪"的真实存在。科学家们认为，天池的环境条件并不适宜大型生物的生存。

调查发现，天池中疑似有水獭（tǎ）活动的迹象。有摄像机拍摄到了所谓的"水怪"，与水獭的外观极为相似。因此，有人推测，所谓的"水怪"可能是由水獭造成的视觉错觉。不过这一说法目前缺乏确凿证据支持，尚未得到广泛认可。

📖 知识加油站

长白山天池是中国最美的五大湖之一，也是吉尼斯世界纪录中世界上海拔最高的火山湖。此外，它还是中国和朝鲜两国的界湖，双方各拥有一部分水域。

我这么可爱，竟然被人误认为水怪！

"闯关东" 闯的是哪座关?

"闯关东"去喽!

你知道"关东"是哪吗?

"天下第一关"

"闯关东"中的"关东"指的是山海关以东。山海关是明长城的东关隘（ài）之一，被誉为"天下第一关"，位于河北省秦皇岛市东北 15 千米处。它不仅是一座关隘，更是一座城池，拥有一套完整的防御体系。

山海关城墙高 14 米，厚 7 米，城周长约 4 千米，它就像一条巨龙守护着这片土地。山海关有东、南、西、北 4 座城门，其中，东门名为镇东门，因面向关外而修建得高大雄伟，上面悬挂着"天下第一关"的匾（biǎn）额。

山海关的历史

山海关地势险要，自古就是兵家必争之地。早在北齐时期，北齐的开国皇帝高洋就开始在这里修筑长城。明朝时，徐达在这里筑关建城，因其依山襟海，故得名山海关。后来经过 200 多年的不断修建，最终完成了整个防御工程体系。

值得一提的是，抗倭（wō）名将戚继光曾在这里驻守，他主持修建了延伸到海里的一段长城，被人们形象地称为"老龙头"。

为什么要"闯关东"？

在清代，山西、陕西等地的百姓去西北塞外谋生叫"走西口"。那么，为什么去东北谋生被称为"闯关东"呢？原来，清朝统治者把东北长白山地区视为满族"龙兴之地"，并设为封禁区，禁止关内人前往定居生活。但由于当时黄河下游连年遭遇自然灾害，饥荒严重，很多老百姓实在生活不下去，便不顾清政府的禁令，冒着巨大风险，或是穿越长城的各个隘口，或是渡海到辽东半岛乃至东北各地谋生。这种关内百姓去关东谋生的行为便俗称为"闯关东"。可见，"闯关东"闯的不仅仅是山海关，还泛指通过多条通道进入关东谋生。

山海关大战

山海关作为一处军事要地，历史上经历了大大小小多次战争的洗礼。最为著名的，是1644年清摄政王多尔衮（gǔn）率八旗军与明朝总兵吴三桂合兵，在山海关击败李自成大顺军的重要战役。

故宫为什么又叫"紫禁城"？

故宫有多少间房屋？

听说有 8700 多间呢！

明清两代的皇宫

故宫原名紫禁城，始建于明朝永乐年间，曾经是中国明清两代的皇宫。紫禁城分为外朝和内廷两部分。外朝的中心为太和殿、中和殿、保和殿，统称"三大殿"，是明清两代皇帝行使权力或举行盛典的地方。内廷的中心是乾（qián）清宫、交泰殿、坤（kūn）宁宫，统称"后三宫"，是皇帝和皇后居住的正宫，后面就是御（yù）花园。故宫南北长 961 米，东西宽 753 米，拥有房屋 8700 多间，是世界上规模最大、保存最完整的宫殿建筑群。

"紫禁城"名字的来历

中国古代天文学者曾把天上的恒星分为三垣（yuán）、二十八宿（xiù）和其他星座。三垣包括太微垣、紫微垣和天市垣。古人认为紫微垣居于中天，位置永恒不变，是天帝所居。而人间的皇帝自诩（xǔ）为受命于天的"天子"，因此其居所应与天帝的紫微宫相对应。由于皇宫在古代属于禁地，常人不能随意进入，故称为"紫禁"。

💡 你知道吗？

"壮壮"和"美美"是故宫的一对吉祥物，分别是龙和凤的形象。龙作为中华民族的象征，代表着中华文明的辉煌；而凤作为百鸟之王，传递着盛世的祝福和祥瑞的寓意。

故宫博物院

在火灾中重生的太和殿

太和殿，又被誉为"金銮（luán）殿"，始建于明永乐十八年（1420 年），是明清两代皇帝举行大典、命将出征、发号施令之地。历史上，太和殿曾遭受四次火灾，又多次进行重建、改建和修建。今天我们看到的太和殿是清康熙三十六年（1697 年）所建。太和殿在明初称为"奉天殿"，嘉靖四十一年（1562 年）改称"皇极殿"，清顺治二年（1645 年）更名为"太和殿"。

遭受四次火灾，真是不幸啊！

"千龙吐水"有多美？

虽说水火无情，但在夏季多暴雨的北京，故宫却很少受到水患的威胁。故宫内设有巧妙的排水系统，四通八达的明沟暗渠与城外水系相通，确保了排水的顺畅。

在太和殿那高大的台基上，有 1000 多个龙头造型的排水兽，据说是"龙生九子"之一的蚣（gōng）蝮（fù）。每当下雨时，台基上的雨水便会汇聚到这些蚣蝮的肚子里，然后从它们口中流出，形成"千龙吐水"的奇观。

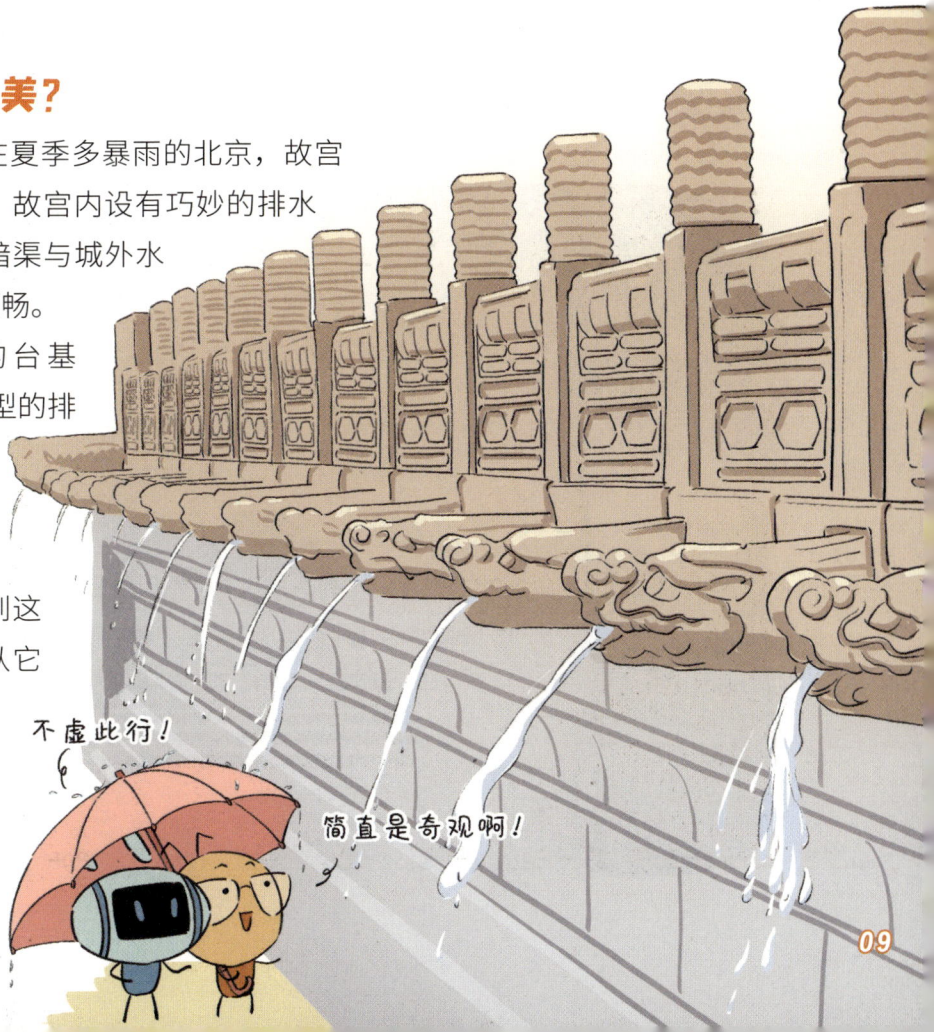

不虚此行！

简直是奇观啊！

古代皇帝祭天仪式的神秘之地

没有饥饿，没有贫困。

对于古人来说，这就是最美好的心愿了。

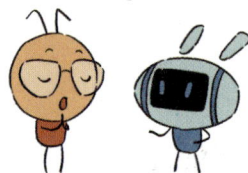

为什么要祭天？

在古时候，人们认为万物都是上天赐予的，而我们又从祖先那里继承下来。祭天，便是皇帝为了表达对上天的感激和敬畏，传递着一种不忘本的精神。除此以外，古人还会祈谷和祈雨，都是为了向上天祈求五谷丰登，风调雨顺，让老百姓过上富足的好日子。这样天下就能太平，皇权也能更加稳固了。

明清两代皇帝在哪里祭天？

天坛原名天地坛，是明清两代皇帝祭天之地，同时也是祈谷和祈雨的场所。天坛由两重坛墙环护，分为内、外两坛，内坛由圜（huán）丘坛、祈谷坛、斋宫三组建筑群组成，距今已有 600 多年的历史，是北京皇家祭坛中规模最大的建筑，比故宫大 4 倍！天坛还是世界上现存规模最大、保存最完好的祭天建筑群，明清两代的皇帝曾在这里举行过 600 多次祭天大典。

祭天的大排场

明清两朝每年冬至日的圜丘祭天，是古代郊祀（sì）礼仪中很重要的形式之一，礼仪极其隆重与复杂。在祭天之前，皇帝和官员们需斋戒三日，不能饮酒、不能吃肉，以保持身心的洁净与虔（qián）诚。祭天当日，黄土铺就的御道直通圜丘，仪仗队前导，场面浩大，绵延数里，盛况比我们今天的大型运动会入场式要隆重得多。前引大臣引领皇帝抵达圜丘坛后，祭天大典正式开始。大典包括上香、叩拜、献礼等诸多环节，要持续好几个小时。

为啥皇帝要在冬至日举行祭天大典？

古人认为从冬至日开始，阳气渐增强，是一个新循环的开始，所以把这天视为大吉之日。

祈年殿里岁月长

祈年殿又称祈谷殿，是北京现存最大的木结构圆形古建筑，建于明永乐十八年（1420年），是孟春（正月）祈谷的专用建筑。祈年殿内共有 28 根楠木大柱，中间 4 根龙井柱对应着春、夏、秋、冬四季；中间 12 根金柱对应 12 个月；外围 12 根檐柱对应 12 个时辰。一座大殿，承载着年复一年的悠悠岁月。

回音壁的秘密

皇穹（qióng）宇是天坛圜丘坛天库的正殿，其围墙具有传声功效，俗称回音壁。回音壁就像一个天然的电话机，两个人就算隔着老远，只要贴在围墙上，哪怕轻声细语，也能听到对方的声音，清晰悠长。这是因为墙面十分光滑平整，对声音的吸收很少，所以当声音完成多次反射传入人耳的时候，还能保持十分清晰的状态。

为什么中国古代皇帝喜欢去泰山封禅？

快到泰山山顶了吧？

快到……快到景区售票处了……

五岳独尊

　　泰山，位于山东省泰安市，坐落在中国第二大平原华北平原东部边缘的齐鲁丘陵之上，其主峰高耸入云，海拔 1545 米，为中华五岳之首，被誉为"五岳独尊"。泰山不仅山势雄浑，景色壮丽，还承载了丰富的中华历史和文化，历代帝王在此封禅祭祀，文人墨客吟咏题刻，留下了丰富的文物古迹。

泰山是盘古的头颅变的吗？

　　传说盘古开天辟地之后，经过漫长的岁月，最终老去。当他安详地倒下时，头颅 (lú) 化作了东岳泰山，腹部化为了中岳嵩山，左臂变成了南岳衡山，右臂变成了北岳恒山，双脚变成了西岳华山。因此泰山被视为五岳之首，象征至高无上的地位。

古代帝王的封禅圣地

战国时期，齐国和鲁国的儒士们认为五岳之首的泰山为祭祀圣地。因此，自秦始皇开始，至宋真宗止，共有六位皇帝十次封禅泰山，举行了庄重的封禅大典。在这些大典中，攀登至泰山之巅以祭天，称之为"封"；而在泰山下的平地上进行祭地仪式，则被称为"禅"。这种独特的祭祀方式不仅体现了古人对天地神灵的敬畏与祈求，更是帝王们展示自身正统地位、彰显天命所归的重要仪式。

五嶽獨尊

昂頭天外

站在这里，的确有傲视天下的感觉啊……

要不然皇帝怎么要来此封禅呢？

皇帝封禅时都做什么？

虽然每个朝代皇帝的封禅仪式并不完全一样，但大致都有下面这些内容。

斋戒：祭祀前几日便开始斋戒，以让身心清净。

写金策玉牒：祭祀的时候要埋在祭坛下面，不能公开，相当于皇帝给上天的"密信"。

谢牛：宰杀牲畜祭天。

刻石记功：把皇帝的功绩刻在石头上。

大赦天下：赦（shè）免一批罪犯，以示仁慈。

💡 你知道吗？

历代皇帝选择封禅的原因众多。首先，通过这一仪式，皇帝向天地神灵展示自己的功绩与成就。其次，封禅也是皇帝向天下臣民传达"我是受上天委派，你们应听命于我"的权威信息，以巩固自身的统治。然而，有趣的是，据说秦始皇与汉武帝去泰山封禅还另有目的，即祈求长生不老。

2300 年历史的"城摞城"

"城摞城"是怎么回事？ 就是城市下面还有城市！

桥下有桥

你知道《水浒传》中杨志卖刀的故事吗？原文"当日将了宝刀，插了草标儿……转来到天汉州桥热闹处去卖"中的"天汉州桥"，就是宋代的开封州桥。

1984 年，因为排水管道施工，考古工作者在开封市现代路面下 4.3 米处发现了一座完整的古州桥。据初步考证，这应该是明代的州桥。在这座桥的下面，就是杨志卖刀的北宋的"天汉州桥"。更有意思的是，专家还推断，明代拱桥的桥墩，恰好压在了北宋州桥的桥面上，这是巧合吗？

听说明代拱桥的桥墩恰好压在北宋州桥的桥面上！

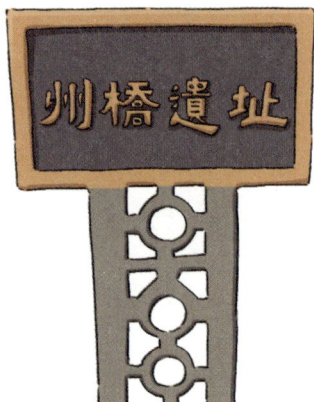

州桥遗址

这真的是巧合吗？

城下有城

开封不仅仅桥下有桥，人们还发现了路下有路、墙下有墙、门下有门的奇观。当地流传一句谚语："开封城、城摞（luò）城，地下埋着几座城。"考古学家们经过勘探和发掘，发现开封地下竟然藏了 6 座城池！它们分别是战国时期魏国国都大梁城、唐代的汴州城、五代及北宋东京城、金代汴京城、明代开封城和清代开封城。这些城池按照时代顺序，从下而上一层层地摞在一起，简直就是一场穿越历史的奇迹。

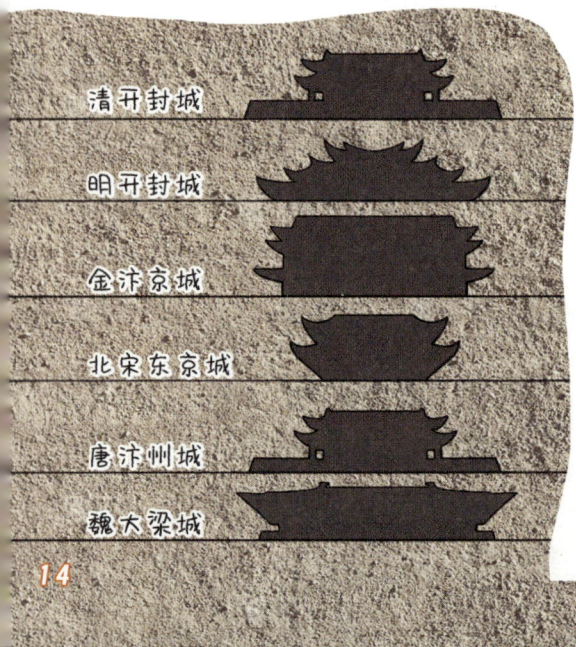

清开封城
明开封城
金汴京城
北宋东京城
唐汴州城
魏大梁城

城内有城

在金、元、明、清等朝代，开封基本上都有三重城墙，每重城墙外都有护城河。最外面的城墙叫罗城，它的任务就是保卫这座城市；罗城里面是内城，居民区、作坊商铺和官衙（yá）等都在内城；内城里面还有宫城，城中建有宫殿，是皇室居住的地方，奢华又神秘。

为什么会"城摞城"？

地处黄泛平原腹地的开封，是受黄河影响极为深刻的城市之一，历代开封城的繁荣鼎盛，都离不开黄河的哺育。可是作为世界上含沙量最大的河流，黄河也一次次给城池带来了灭顶之灾。历史上黄河多次决口泛滥，淹没沿岸的城邑。但是，每次灾难过后，顽强的开封人民又一次次在废墟上重建家园。掩埋在泥沙深处的座座古城，就这样一层一层摞了起来，形成了开封"城摞城"的独特景观。

倔强的古城

你知道吗？许多古城的位置在历史长河中曾发生过改变，而多次被泥沙掩埋的开封城，一次又一次倔强地在原址上重生。从唐宋到元明，开封城的核心区基本没有变过，皇宫上面，还依然是皇宫。开封老城区中轴线在唐代就已经形成，历经宋、元、明、清等朝代，几乎没有过变动和位移。所以"桥下有桥"可不是什么巧合，而是开封城顽强生命力的证明！

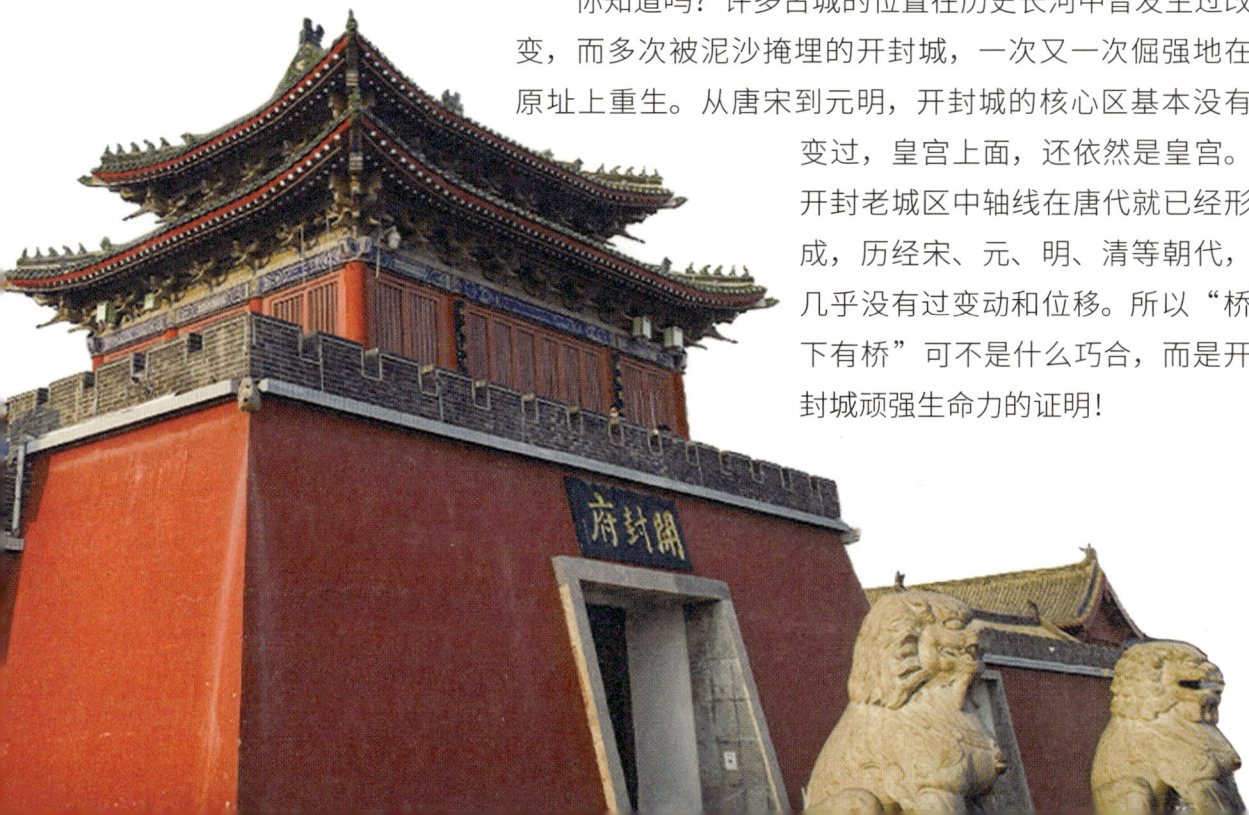

寺庙为什么要"挂"在悬崖峭壁上？

住在悬崖峭壁你怕不怕？

如果在悬崖峭壁上"挂"个木屋让你去住，你怕不怕？在我国的山西省大同市浑源县东南郊恒山脚下，还真有这样一处凌空 50 多米、被"挂"在峭壁上的建筑，它就是悬空寺。

悬空寺被誉为世界十大奇险建筑之一，也是北岳恒山的第一胜景。从谷底仰望，悬空寺就像一座浮在半空的仙阁。而当你登上楼阁俯瞰（kàn），只见下面滔滔流水，仿佛自己正处于深渊之中。

我们去参观悬空寺吧！

我恐高……

你不是说爬梯子更快吗？

我好怕！

为什么要"挂"在悬崖峭壁上？

据历史记载，北魏时期的天师道长寇谦之在临终前留下遗愿，希望建造一座空中寺院，以此达到"上延霄（xiāo）客，下绝嚣（xiāo）浮"的超凡境界。之后天师弟子们多方筹（chóu）措资金，并精心选址设计，终于在北魏太和十五年（491年）建成了悬空寺。还有一种说法源于古人对自然的敬畏与信仰。相传，当时山谷中的浑河水常常因暴雨而泛滥成灾，人们认为是金龙在捣乱，便在上方建庙塑佛，以祈求风调雨顺。

💡 你知道吗？

唐代"诗仙"李白游览悬空寺后，被其险峻壮观所震撼，醉意朦胧中挥毫泼墨，留下"壮观"二字。而明代大旅行家徐霞客在游记中，则用"天下巨观"来形容悬空寺的雄伟与奇特。

悬空寺"天下巨观"石刻

寺庙是怎么"挂"上去的？

悬空寺的整体占地面积仅有 152.5 平方米，却拥有大大小小 40 座殿阁（现存大小殿阁 13 座）。这些殿阁间还有栈（zhàn）道和楼梯相连。那么，它们是怎么被"挂"到悬崖峭壁上的呢？

答案就在其独特的建筑工艺上。首先，人们在岩石上凿洞，把当地特产的一种铁杉木加工成方形的木梁，再把它们深深地插进岩石里，外面只留大约 1/3 的长度，这些横梁便是托起殿阁的关键。接下来，工匠们在峭壁下用木材制作一个个类似于拼接积木的殿阁构件，再用绳索把这些构件逐一拉到悬空的横梁上，拼接成整个建筑。为了确保安全，殿阁和栈道下方还竖有立柱作为额外的支撑。

为什么能挺过上千年的风雨和地震？

悬空寺始建于北魏晚期，至今已有 1500 年的历史。尽管现存建筑多是在明清两代重修的，但依旧经历了几百年的风雨洗礼，其间还遭遇了多次地震的考验。悬空寺能屹立不倒，跟当时选址有很大关系。悬空寺建在峭壁的凹陷处，上方有岩石遮挡，能避免滚落的巨石砸坏建筑，也能减轻雨水的冲刷。此外，悬空寺的木制框架结构也很有韧性，能以柔克刚，受到一定的力变形之后，还能恢复原状。

三教合一的奇观

悬空寺不仅仅是一座佛寺，更是国内现存唯一的佛、道、儒三教合一的寺庙。三教殿是全寺最高的建筑，殿内供奉着三尊塑像，左边是儒家创始人孔子，右边是道家鼻祖老子，而中间则是佛教创始人释迦牟尼。

《三教图》［明］丁云鹏

为什么剑门关"一夫当关、万夫莫开"？

一夫当关……

万夫莫开！

一天営閭万夫莫開

《蜀道难》中的险峻关隘

"一夫当关，万夫莫开"，出自唐朝诗人李白的《蜀道难》。诗中这样描述这个险峻关隘——"蜀道之难，难于上青天！"它形象地描绘了蜀道的险要，仿佛只要有一个勇士在那里坚守，就能抵挡住千军万马的进攻。诗中李白描述的山势陡峭险峻、道路曲折难行的地方，就是今天四川省广元市剑阁县剑门山断裂处的剑门关。

"剑门关"的名字是怎么来的？

有"天下雄关"之称的剑门是古时候进入蜀地的一道天险。因它两边断崖峭壁高耸入云，山势如剑般陡峭，两壁相对，宛如一道天然门户，因而得名"剑门"。据说三国时期，诸葛亮为了运送军用粮草，特意在这里凿山开路，架木成桥，在大小剑山之间架筑飞梁阁道，即著名的剑阁道。另外，他还利用山崖的特点，命人用石头砌成了一道门，这样就有了剑门关。

📖 知识加油站

在古代，四川盆地曾经建立过古蜀国，后为秦国所灭。三国时，刘备在成都称帝，虽然国号为"汉"，后世却习惯称之为"蜀汉"或"蜀"。如今，"蜀"是四川省的简称之一。

打下剑门关，犹如得四川

古话说："打下剑门关，犹如得四川。"可见剑门关肩负着守护四川东大门的重任。由于四川盆地周围被高山环绕，山高谷深，使得古代由北方通往蜀中的交通十分困难。而剑门关位于悬崖峭壁之间，地势极为险要，自古以来就是易守难攻之地。从三国时期诸葛亮建关开始，剑门关就是一个异常雄伟险要的古战场。据说在冷兵器时代，剑门关从来没有被敌人从正面攻克过。

剑门关关楼

"石牛粪金、五丁开道" ——金牛道

剑门关地处非常重要的交通要道——金牛道上。传说战国时，秦惠文王想吞并当时的蜀国，却苦于交通不便。他巧施妙计，命人造了5头石牛，并在石牛后面撒上金子，声称金子是石牛拉出来的。他向蜀王表示愿意赠送这些石牛，蜀王满心欢喜，便派人修通了通往北方的蜀道，来迎接这些石牛。然而，他没想到的是，秦军正是利用这条道路，长驱直入，灭了蜀国。从此，这条道路被称为金牛道，也叫石牛道。

这样的石牛，我想要100头！

为什么说"洞庭天下水，岳阳天下楼"？

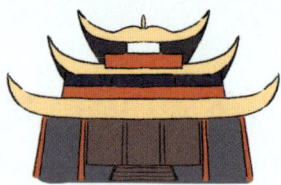

听说范仲淹没去过岳阳楼？

据说《岳阳楼记》是他根据滕子京的《洞庭秋晚图》写的……

美誉出处

岳阳楼在湖南省岳阳市的洞庭湖畔。岳阳楼景区的大门前，挂着一副楹（yíng）联："洞庭天下水，岳阳天下楼。"这是出自明朝进士魏允贞《岳阳楼》一诗。那么，为何洞庭湖与岳阳楼会有如此美誉，被尊为"天下之最"呢？

《洞庭秋月图页》（潇湘八景图册）[明] 陈焕

昔日"八百里洞庭"

洞庭湖在古代叫"云梦"，它地处长江中游，曾经是中国最大的淡水湖，号称"八百里洞庭"。如今，虽然洞庭湖湖面萎缩，成了中国第二大淡水湖，但它的天然湖面依然有2625平方千米以上，比两个香港的面积还大。

洞庭湖不仅大，而且美，尤其是在历代文人的眼里，洞庭湖"水天一色，风月无边"，"衔远山，吞长江，浩浩汤汤，横无际涯，朝晖夕阴，气象万千"，美得震撼人心。

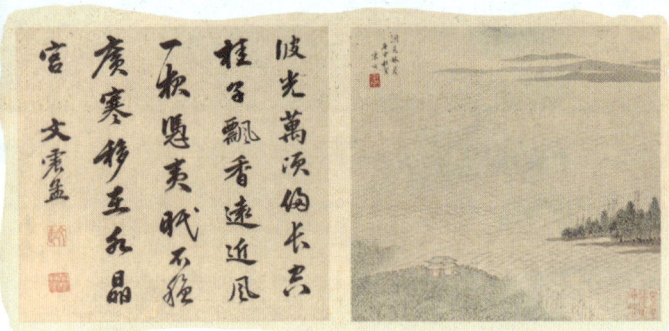

洞庭湖为什么会变小？

在过去的千百年间，由于长江多次因洪水向南溃（kuì）决，形成了"四口"分流的局面，导致大量泥沙随江水涌入洞庭湖。同时，人类进行不合理的围湖造田，加剧了湖泊的淤塞和萎缩。昔日的"八百里洞庭"，如今已被分割成东洞庭湖、西洞庭湖、南洞庭湖和大通湖等大大小小的湖泊。

一首诗让岳阳楼名扬天下

岳阳楼造型古朴庄重，气势恢宏，它的前身是三国时期东吴将领鲁肃训练水师时构筑的阅兵台，距今已有近 1800 年历史。唐开元四年（716 年），阅兵台旧址被建一楼阁，名为"岳阳楼"。后来，孟浩然、李白、杜甫等一些文人墨客都在这里留下了脍（kuài）炙（zhì）人口的名句。然而，最终让岳阳楼名扬天下的，还是范仲淹的《岳阳楼记》。其中"先天下之忧而忧，后天下之乐而乐"一句，使岳阳楼成为天下忧国忧民之士的精神寄托和向往之地。

《洞庭秋晚图》的景色甚美！

范兄的《岳阳楼记》更是妙哉！

📖 知识加油站

"江南三大名楼"——岳阳楼、黄鹤楼与滕王阁都因诗文扬名天下。除岳阳楼外，黄鹤楼因崔颢（hào）《黄鹤楼》一诗中的名句"昔人已乘黄鹤去，此地空余黄鹤楼。黄鹤一去不复返，白云千载空悠悠"而名扬四海；滕王阁则因王勃《滕王阁序》中的名句"落霞与孤鹜（wù）齐飞，秋水共长天一色"而流芳后世。

一尊佛，就是一座山

听说是利用山体的自然形态雕刻而成的！

一尊大佛就是一座山？

乐山大佛有多大？

　　乐山大佛，是中国最大的石刻佛像。它坐落于四川省乐山市南岷（mín）江东岸，凌云寺侧，依凌云山山崖开凿而成。大佛通高 71 米，临江而坐，头部与山巅齐平，双脚踏在大江之上，双手抚膝，神态肃穆。

　　这尊如山般巍峨的乐山大佛，顶天立地，与群山浑然一体，让人不得不感慨——"山是一尊佛，佛是一座山"。

历经 90 年才"出世"

　　凌云山下岷江、大渡河、青衣江三江交汇，是古代重要的航道。但因为水势湍急，经常发生船只倾覆、人员伤亡的悲剧。

　　唐玄宗开元初年（713 年），一位名叫海通的僧人发起并汇聚众人之力，开始开凿大佛，来保航运平安。不久海通去世，工程一度中断。后来由韦皋（gāo）主持，继续修建，断断续续历经 90 年，终于在唐德宗贞元十九年（803 年）完工。当时的大佛还不叫"乐山大佛"，而是被称为"嘉州凌云寺大弥勒石佛"。

大佛主体依山崖雕刻而成

　　大佛的主体是依山崖雕刻而成，头上的 1051 个螺旋状的发髻（jì）是用石头单独做好，再镶嵌到大佛头顶的。另外，大佛长达 7 米的耳朵是木制的，而我们今天看到的大佛的鼻子，其实是工匠在整修时为它"隆"过的。从鼻孔看进去，里面有由三根木头搭成的呈"品"字形的"鼻梁骨"。

您就是乐山大佛的始建者啊！

乐山大佛的创建者海通大师

历尽沧桑的大佛

　　根据韦皋所撰写的《嘉州凌云寺大弥勒石像记》中"或丹彩以章之""或金宝以严之"可知，大佛在竣工后身着金黄色袈裟。此外，透过历代文人墨客的诗句，我们仿佛能窥（kuī）见这尊石佛之上，曾建有楼阁为其遮风挡雨。然而，时光荏（rěn）苒（rǎn），大佛的金身逐渐黯淡失色，楼阁也经历了屡建屡毁的命运。在风雨的侵蚀（shí）下，大佛变得斑驳陆离，野草藤蔓（màn）缠绕其身，使其身体、眼睛、嘴巴都几乎难以辨认。

　　幸运的是，近代文物部门对乐山大佛进行了多次精心修复，才使得我们今日得以目睹这尊庄严肃穆的大佛风采。

💡 你知道吗？

　　在四川境内，还坐落着一些乐山大佛的"小兄弟们"。其中雕凿在山巅之上的荣县大佛高 36.67 米，规模仅次于乐山大佛，是世界第二大石刻大佛；而半月山大佛，则以其 22.25 米的高度，在四川众多大佛中排行老三，据说开凿这尊大佛耗时 300 多年才完工。

长江为什么是"中国第一大河"？

"中国第一大河"

长江被誉为"中国第一大河"，可以用"大、广、长"三个字来概括。

大：长江流经地区大多降水丰沛，其年平均入海水量达 9755 亿立方米，是我国水量最大的河流，相当于 3.8 亿个奥运会标准游泳池的水量。

广：长江流域面积为 180 多万平方千米，大约占我国陆地面积的五分之一，是我国流域面积最广的河流。

长：长江全长约 6300 千米，自西向东贯穿我国整个南方，是我国最长的河流，仅次于尼罗河和亚马孙河，位居世界第三。

你在干吗？

我在为横渡长江做准备！

我一路要经过青海、西藏、四川、云南、重庆、湖北、湖南、江西、安徽、江苏、上海，最后流进东海！

长江从何而来？

长江发源于青藏高原唐古拉山脉的主峰——各拉丹冬雪山的西南侧，山峰上冰塔林立，千姿百态。在阳光的温柔照耀下，冰雪融化成涓（juān）涓细流，汇聚在一起，就成了长江的"童年"——沱（tuó）沱河。

沱沱河在青藏高原的广袤草地上流淌，那里天空湛蓝，白云悠悠。随着长江逐渐"成长"，它的名字也先后变更为通天河、金沙江。金沙江在横断山区的高山深谷中奔腾，水流汹涌澎湃，浊（zhuó）浪翻滚。直至金沙江流入四川宜宾，它才正式被称为长江。穿越四川盆地后，长江更是切穿巫山，形成了壮观的长江三峡。

大约6300千米呢！

太辛苦了！

课堂小链接

长江源头至长江河口的主河段流经青海省、西藏自治区、四川省、云南省、重庆市、湖北省、湖南省、江西省、安徽省、江苏省、上海市 11 个省（自治区、直辖市），于崇明岛以东注入东海。

长江的中游和下游

从湖北宜昌到江西湖口之间的河段是长江中游，湖口以下直至长江入海口为长江下游。在这地势平缓的中下游平原之上，长江的步履（lǚ）逐渐放缓，江面也变得宽阔浩瀚（hàn）。"诗仙"李白途经此地，也不禁咏叹："山随平野尽，江入大荒流。"

中游从湖北枝城到湖南城陵矶（jī），这一段被称为荆江河段，河道蜿蜒曲折，有"九曲回肠"之称。

镇江以下的长江三角洲，水网密布，气候宜人，人口稠密，分布着我国最大的城市群，主要城市包括南京、上海、杭州、苏州、无锡等。

长江第一弯

长江三峡自然保护区风光

你知道吗？

长江，孕育滋养了约五亿中华儿女。但是从古至今，长江频发的大洪水也给人们带来了巨大灾难。每到汛期，江水汹涌，堤坝屡次溃决，洪水如猛兽般撕裂大堤，所经之处房屋倾覆，田地尽毁。尽管我们努力探索，但时至今日，长江的洪水问题仍未得到根本解决。

真的有"东方女儿国"吗？

那要看你说的是哪个"女儿国"了！

"女儿国"真的没有男子吗？

泸沽湖畔的"女儿国"

在我国四川省与云南省的交界之地，坐落着我国第三大深水湖——泸（lú）沽（gū）湖。它四周群山环绕，格姆女神山雄踞湖畔，后龙山如巨龙般蜿蜒入湖，共同勾勒出泸沽湖那马蹄般的形状。在宛如仙境的泸沽湖畔，世代聚居着摩梭人，尽管他们仅有约3万人口，却始终保持着古老的母系大家庭和走婚传统，因而被誉为"东方女儿国"。

与《西游记》中的女儿国不同，泸沽湖畔的"女儿国"并非没有男子，而是因为这里至今还保留着母系社会"男不娶、女不嫁"的走婚习俗。

在我们母系大家庭中，大小事务都要我来管！

什么是走婚？

"走婚"，是男方不娶、女方不嫁，男女终身都居住在自己的母系家庭里，男方采取"半原居、半上门"的方式到女方家里来维持家庭关系，以实现种族延续的一种特殊形式。情投意合的男女，建立走婚关系后，丈夫只在夜晚到妻子家，白天仍回到自己的母系家庭中生活和劳动。双方所生的孩子随母姓，跟随母亲一起生活，由母亲的家庭成员来共同抚养。

哇，肩上的担子好重啊！

独特的民居

　　木楞子，这一独特的摩梭民居，是以原木通过榫（sǔn）头相互叠加垒制而成，一般为四合院。摩梭四合院由草楼、经堂、祖母屋和花楼构成，形成一座封闭的院落。木楞子不仅体现了摩梭人的建筑智慧，更是母系家庭独特风俗的缩影。在祖母屋中，男柱、女柱、上火铺、下火铺都是摩梭民居独有的特色。专为成年女子设立的花楼，除了走婚的"阿夏"（情侣），外人是不允许进去的。

摩梭人的民居

古老的文字系统

　　过去，人们一直以为摩梭人只有语言，没有文字，但近些年一些学者从摩梭文化的创始人达巴书写的卜书和"日汝穆"（摩梭语，木质法棍）中的图文符号中，发现了摩梭人古老的文字系统。这套独特的符号不仅记录了摩梭人的历史文化、原始哲学、天文地理、医药等方面的内容，更是人类最原始的文字遗存。

这上面画的是什么？

摩梭人的"图文符号"！

💡 **你知道吗？**

　　摩梭人的母系大家庭一直延续着"舅掌礼仪母掌财"的传统。家中责任最重的是祖母，她管理着家中大小事务并主持宗教祭祀等活动。

傣家竹楼为什么要"踩高跷"？

房子也会踩高跷？

那可是傣家竹楼的特色！

傣家竹楼是怎么"踩高跷"的？

在中国云南省的西双版纳，如果你看到屋顶呈"人"字形，以树皮、茅草或瓦等覆盖的木竹结构的二层房子，那就是傣族人的传统住宅——竹楼了。竹楼也叫干栏，一般背靠山林，面朝水源而建，多为上下两层结构。上层是居住层，下层则是架空层，不用来居住，而是用于堆放农具和圈养牲畜。架空层没有墙壁，只有立柱支撑着上层的房屋，远远看去，竹楼就像"踩着"高跷（qiāo）一样。

竹楼"踩高跷"好在哪儿？

传统民居的建造一般是为了适应当地的自然环境。西双版纳属于热带雨林气候，架空的竹楼有利于散去湿热，还能避免蛇虫野兽的侵扰。此外，竹楼还能抵抗水灾。一旦洪水来袭，居民们会迅速加固竹楼，将牲畜安置在楼上的走廊，并拴上竹排，时刻关注水势变化。一般小规模的洪水是淹不到楼上的。如果洪水持续上涨，居民们才会乘坐竹筏（fá）撤离。

一天就能盖好一座房子吗？

　　傣族人盖竹楼，可不像我们盖钢筋水泥的楼房，动辄（zhé）几个月甚至几年才能完工。盖竹楼时，主人只需要准备部分建筑材料，然后全寨子的人都会来帮忙。有人提供竹子，有人送来苫（shàn）盖屋顶的草排，姑娘们忙着舂（chōng）米做饭，小伙子们则肩挑手扛，搭建房屋。一般只需一天时间，一座竹楼就能盖好。当晚，主人就会乔迁新居，并杀猪宰羊宴请乡亲，通宵达旦唱歌庆祝。

来自传说的启示

　　关于傣家竹楼的建造，还有一段动人的传说呢！传说在古时候，有位叫帕雅桑木底的傣族首领曾搭建窝棚给族人居住，但是窝棚无法阻挡狂风暴雨。天王帕雅英知道后，变作一只美丽的凤凰飞到帕雅桑木底面前，展开双翅，两脚直立，暗示他应该建人字形屋顶且有立柱的房子。于是，受到启发的帕雅桑木底造出了既可以遮挡狂风暴雨，又能防潮、防虫、防猛兽的高脚竹楼。这种"踩着高跷"的建筑形式一直沿袭到今天。

💡 你知道吗？

　　在距今7000年前的长江下游浙江余姚河姆渡文化遗址中出土的木结构建筑，是中国迄今为止发现的最早的木构建筑。

美丽的海南岛，竟是古代犯人的流放地

好想去海南岛度假呀！

你知道在古代都是什么人去吗？

美丽的海南岛

海南岛，作为中国的第二大岛屿，古时被称为珠崖、琼崖或琼州。它因位于琼州海峡以南而得名海南岛。这里不仅拥有美丽的热带风光、宽阔的海滨，还散发着独特的民族风情。火山、海滩、怪石、温泉以及茂密的热带森林，构成了海南岛丰富的旅游资源，使其成为人们躲避寒冬的好去处。

然而，你知道吗？如今备受游客青睐的海南岛，在古代却曾是流放犯人的荒芜之地。

古代的"热门"流放地

古时"热门"流放地崖州、儋（dān）州、万安州等都在海南岛上，这是因为当时的海南岛具备流放犯人的几个特点。首先，它足够偏远。依隋朝的《开皇律》所定，流刑分三等：两千里，两千五百里，三千里。如唐朝都城长安，海南岛与其距离超过了一千五百公里，完全满足"流放三千里"这个最高标准。其次，海南岛地处热带，炎热潮湿，环境险恶，疾病频发。最后，海南岛偏远落后，荒无人烟，是古人眼里的荒蛮之地。

唉，真倒霉！

一年出两次差，都是海南！

明明是度假天堂！

历史的见证

从古至今，无数被贬（biǎn）谪（zhé）的文人墨客在海南留下了他们的踪迹。唐代名相杨炎曾怅然叹道："一去一万里，千知千不还。崖州何处在？生度鬼门关。"宋朝重臣胡铨（quán）也在此发出"区区万里天涯路，野草荒烟正断魂"的悲鸣。一代大文豪苏轼更是在流放海南三年后被赦北还时，留下"九死南荒吾不恨，兹（zī）游奇绝冠平生"的感慨。如今，天涯海角景区的怀苏亭静静矗立，它不仅是对苏轼的纪念，更是这些文人墨客命运波折的历史见证。

区区万里天涯路，野草荒烟正断魂……

[宋] 胡铨

一去一万里，千知千不还……

[唐] 杨炎

九死南荒吾不恨，兹游奇绝冠平生……

[宋] 苏轼

苏轼在海南的流放生活

苏轼一生跌宕（dàng）起伏，多次被贬。绍圣四年（1097年），年过六旬的他被远放到海南儋州，这成为他一生中最艰苦的时期。然而，苏轼并未因此悲观消沉，而是仍心系民生，坚持著书立说。即便身为囚徒，他仍致力于兴办教育、培养人才，海南历史上的首位举人便是他的门生。此外，苏轼还积极劝导农耕，努力团结黎族同胞，后人素有"东坡不幸海南幸"之说。

我要在这片热土重生……

💡 **你知道吗？**

在隋朝法律《开皇律》中，"笞（chī）、杖、徒、流、死"五刑制首次确立，在这五大刑罚中，流放是仅次于死刑的重刑。流放犯人通常会选位置偏远、环境恶劣、生活条件艰苦之地。

神秘的台湾高山族

我要去山上寻找高山族……

多个族群的"集合体"

　　如果你去台湾，想要找高山族人，他们也许会笑着告诉你："高山族并不存在哦！"这是怎么回事呢？原来，高山族并不是一个像汉族、满族、回族那样具体的民族，而是对台湾众多族群的统称。高山族人是中国台湾最早的居民，他们大部分生活在台湾的崇山峻岭之中，其中包括阿美人、泰雅人、排湾人、鲁凯人、卑南人、邹（zōu）人（曹人）、赛夏人、雅美人、布农人等十几个族群。

我们高山族人有阿美人、泰雅人、排湾人、鲁凯人、卑南人……

怎么一个民族，还分这么多族人呢？

高山族是台湾众多族群的统称啦！

精美的传统服饰

　　高山族的传统服饰十分精美，材质以麻和棉布为主。男子通常穿背心、短裤、半腰裙，佩戴包头巾、裹腿布和披肩等。女子则穿着有袖或无袖的上衣、围裙和从肩向腋下斜披的偏衫等。妇女们还喜欢在头巾、衣襟、衣袖、围裙上绣制精美的图案。在高山族的众多服饰中，最为珍贵的莫过于珠衣了。珠衣又叫珠贝衣，它以上衣为基础，上面缝上一串串贝珠。每一颗贝珠都是经过精心打磨的，一件珠贝衣由几万至十几万颗的细小贝珠串缀而成。在旧时，这种珠贝衣只有族长、部落首领等身份地位较高的人才有资格穿，是一种财富的体现。

能歌善舞的民族

高山族人民以能歌善舞著称，他们不仅拥有丰富的民歌、古谣和神话传说，还擅长演奏各种特色乐器，如嘴琴、弓琴、竹笛和鼻箫等。每当喜庆节日到来，大家便欢聚一堂，载歌载舞，共享欢乐时光。其中，杵（chǔ）舞作为高山族民间的传统舞蹈，在台湾日月潭地区尤为流行。跳舞者多为女子，她们三五成群，围绕臼（jiù）石，手持长杵，有节奏地上下撞击，模拟舂（chōng）米的动作，边唱边跳，气氛热烈而欢快。

她们在舂米吗？

这是高山族女子在跳杵舞！

📖 知识加油站

历史上，高山族的先民们曾先后被称为"山夷""岛夷""流求人""东番""蕃族"等。时至今日，高山族仍保留着 15 种不同的语言，这些语言在各自的聚居区域、家庭等不同范围内得以传承和使用。

高山族的美丽传说

日月潭是台湾最大的淡水湖。在台湾民间还流传着一个关于高山族与日月潭的美丽传说。相传，日月潭中曾栖息着两条恶龙，它们将太阳与月亮吞噬，使得天地陷入一片黑暗与混沌。在这危急关头，英勇的年轻渔民大尖哥与美丽善良的水社姐挺身而出。他们手持金斧与金剪，在日月潭里勇敢地与两只恶龙搏斗，最终将其制服，放出了太阳与月亮。从此，世界重回光明。为了永远守护这份光明，大尖哥与水社姐化身为两座人形大山，静静地矗立在潭边，为百姓们守护着日月的光辉。

中国北方游牧民族的摇篮

天苍苍，野茫茫……

风吹草低见牛羊。

内蒙古高原上的"巨幅画卷"

因美丽的呼伦湖、贝尔湖而得名的呼伦贝尔草原位于大兴安岭以西的内蒙古高原。中国陆地轮廓像昂首屹立的雄鸡，呼伦贝尔草原就在"雄鸡之冠"的位置。它东西宽约 350 千米，南北长约 300 千米，总面积约 11.3 万平方千米，宛如一幅巨大的画卷，铺展在天地之间。

尽管这里距离海洋并不遥远，但森林并未茂密生长，反而"恰到好处"的雨水滋润了这片土地，让牧草得以繁茂生长。

于是，呼伦贝尔草原便展现出一派水草丰美、牛羊成群的生机勃勃的景象。人们赞誉它为"世界上最美的草原"，而它也以最迷人的姿态，回应着这份来自世界的赞誉。

💡 你知道吗？

蒙古族在成吉思汗的领导下，进行了大规模的征服战争，扩张了领土，于 1206 年建立了蒙古帝国。成吉思汗去世后，他的孙子忽必烈继承了蒙古帝国的统治权，并进一步扩张领土，最终建立了元朝。

"中国北方游牧民族的摇篮"由何而来？

呼伦贝尔草原曾是游牧民族的重要聚居地和发源地。从秦朝开始，东胡、匈奴、鲜卑、室韦、突厥、回纥（hé）、契（qì）丹、女真、蒙古等十几个游牧民族就在这里繁衍（yǎn）生息，据说成吉思汗曾在这里生活并战斗过。这片广袤（mào）的草原见证了多个游牧民族的成长和繁荣，因此被许多历史学家誉为"中国北方游牧民族的摇篮"。

草原人还住蒙古包吗？

曾经，大草原是游牧民族的天下，他们居住在便于拆卸的蒙古包中，随着水草而迁移。蒙古包在古代被称作"穹庐""毡（zhān）包"，它以木杆作为支架，顶部和四周覆盖着厚厚的羊毛毡，木门朝南或东南方向开，内部设有火炉，火炉上方还开有圆形天窗。然而，如今的草原上，只有极少数人还在坚守着传统的游牧生活方式，居住在蒙古包中，而绝大多数人已经选择了定居，住进了楼房或砖瓦房，享受着现代生活的便利。

尽管如此，蒙古包作为草原文化的重要象征，依然发挥着重要的作用。如今，它们更多地被用作接待游客，传承草原文化。

唐僧取经路过的火焰山，到底有多热？

你拿的是把假扇子吧，怎么越扇越热？

真的有火焰山吗？

火焰山，是真实存在的，但它并非真的燃烧着大火。《西游记》中，唐僧师徒四人在西天取经的途中所经过的"火焰山"，正是一处位于新疆吐鲁番盆地的低丘。新疆火焰山东西长约98千米，宽约9千米，平均海拔约为500米。这座山丘主要由红色的砂岩构成，岩石裸露，地表几乎寸草不生，少量且集中的降水将这里冲刷出万条沟壑（hè）。每当盛夏时节，这里的地表温度极高，炽（chì）热的气流翻滚上升，再加之砂岩为赤红色，使得山体看起来仿佛有熊熊烈火在燃烧，火焰山之名便由此而来。

火焰山到底有多热？

火焰山所在的吐鲁番盆地，最高温度可达49.6℃，而地表最高温度能达到82.3℃。因此，当地流传着"沙子里面烤鸡蛋，戈壁滩上烙大饼"的说法。在火焰山景区，一座高达12米、直径0.65米的巨大温度计巍然耸立，它以巨大的体积荣获吉尼斯世界纪录，并被形象地称为"金箍棒"，主要用于测量地表温度、空气温度。遗憾的是，当年的玄奘法师既没有孙悟空，也没有芭蕉扇，他仅凭双脚穿越了这片炙热的"火海"。

火焰山为何这么热?

在陆地上,普遍规律是海拔越低,气温就相对越高。中国的陆地最低点——艾丁湖,恰好位于火焰山所在的吐鲁番盆地之中,也是全国夏季最热的地方。这片区域由于远离海洋,很少有阴雨天,所以获得的太阳热量相对就多,加之盆地地形特殊,热气难以散失。这些因素共同作用,使得火焰山及其周边地区异常炎热,成为名副其实的"热极"。

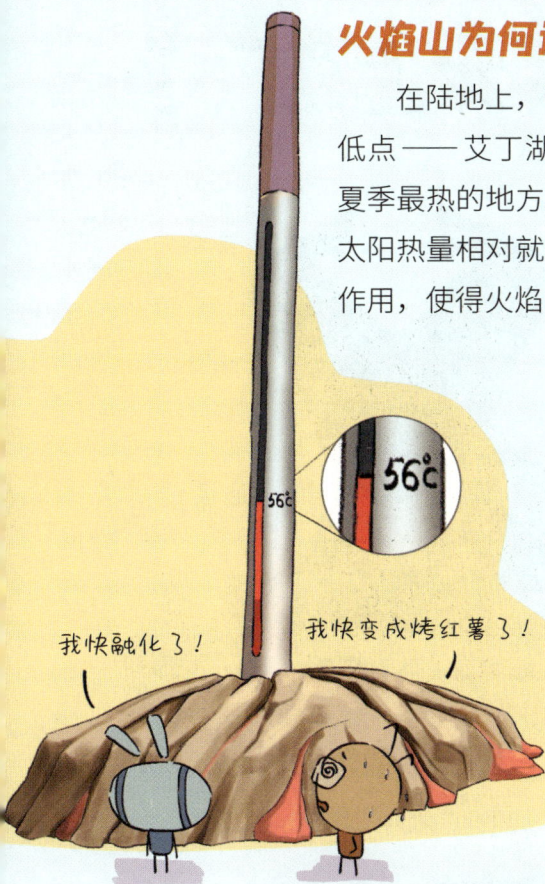

56°C

我快融化了!

我快变成烤红薯了!

山上"冒火",山下"水灵灵"

为什么炎热干旱的吐鲁番盆地,却盛产着水灵灵的葡萄?这主要得益于新疆百姓修建的水利工程,其中最具代表性的便是拥有 2000 多年历史的坎儿井。盆地周围的高山上,春夏季会有冰雪融水和雨水,为了防止这些宝贵的水资源在引水过程中蒸发,人们在山坡上挖出一个个竖井,再在竖井底部凿通暗渠,让水流从地下流到绿洲里。这便是坎儿井的奥秘。正是有了这源源不断的水源灌溉,吐鲁番才有了水灵灵的葡萄和其他瓜果蔬菜。

吐鲁番坎儿井民俗园

💡 你知道吗?

关于火焰山的形成,还流传着一个有趣的传说。据说孙悟空大闹天宫时,被太上老君关进炼丹炉里面炼了七七四十九天,孙悟空出来时一脚踢翻了太上老君的炼丹炉,几块炭火落到人间的吐鲁番,就成了火焰山。

为什么说"黄河之水天上来"?

黄河的水到底是从哪里来的呢?

黄河源头的牛头碑

诗中的"天上"在哪里?

李白曾赋诗云:"黄河之水天上来,奔流到海不复回。"诗中说的"天上"究竟指的是哪里呢?在李白生活的年代,人们普遍相信黄河之水来源于西域的昆仑山,传说那里是西王母的居所。在古人的想象中,昆仑山可是和蓬莱齐名的仙境。然而,事实上,黄河的真正源头位于青藏高原巴颜喀(kā)拉山北麓(lù)的约古宗列盆地,海拔约4500米,那里才是黄河之水真正的故乡。

📺 课堂小链接

黄河是我国的第二大河,全长5464千米,流经青海、四川、甘肃、宁夏、内蒙古、陕西、山西、河南、山东9个省区,最终在山东省东营市垦利区注入渤海。

星光点点的"星宿海"

青藏高原上,黄河源头还呈现着另一番神奇的景象——星宿海。巴颜喀拉山的冰雪融水流入约古宗列盆地,形成了大大小小、形状各异的水泊。大的水泊有几百平方米的面积,小的则仅有几平方米。从高处俯瞰,这些水泊犹如星星点缀在夜空,"星宿海"之名大概就是这么来的吧。

星宿海

"天上"的黄河水清清

自古以来，黄河以其浊浪汹涌、波澜壮阔的景象引发了人们对它源头的无尽遐想。那么，黄河的源头究竟是何等景象呢？事实上，在黄河的河源段，河水清澈透明。湖泊与沼泽间，蓝天白云的倒影清晰可见。而这主要得益于源头之水来自雪山融化的清泉。虽然黄河的源头规模并不大，仅为巴掌大小的泉眼，但正是这股小小清泉，经过长年累月的流淌，途中不断汇聚其他溪流，最终形成今日所见的黄河那磅（páng）礴（bó）壮观的景象。

蜿蜒曲折的黄河

下游的黄河又"上了天"

黄河中游在流经黄土高原时，汇入了大量的泥沙，这让黄河成为世界上含沙量最大的河流，有"一碗水、半碗泥"之说。当黄河之水流入下游的华北平原时，地势开始变得平坦，水流也骤然变缓，原本依靠水速裹挟（xié）向前的泥沙，慢慢沉积在河道之上，致使河床不断抬高。泥沙的淤积会直接让河水溢出原来的河道，于是人们为了避免黄河泛滥，而不断加高黄河大堤。如今，黄河下游许多河段的河床高出河堤外地面 3 到 5 米，高的地方甚至达到 10 米，形成了独特的"地上河"景象。站在河堤外的平地上抬头看，黄河又好像"上了天"。

黄河壶口瀑布

风在吼，马在叫，黄河在咆哮，黄河在咆哮……

离天最近的铁路

青藏铁路建在被誉为"世界屋脊"的青藏高原上，始于青海省西宁市，止于西藏自治区拉萨市，全长1956千米。青藏铁路一半以上路段在海拔4000米以上的地区，其中翻越唐古拉山最高点更是达到了海拔5000多米，是目前世界上海拔最高、线路最长的高原铁路。因此有人说它是"离天最近的铁路"。

坐上火车去西藏……   这是一条离天最近的铁路……

修建青藏铁路有多难？

青藏铁路的修建，是在克服高寒缺氧、常年冻土以及生态脆弱等世界性工程技术难题下完成的，堪称是人类工程史上的一个奇迹。

高寒缺氧：青藏铁路沿线是名副其实的"生命禁区"，氧气含量仅为海平面的一半左右，工人在空气稀薄且严寒的高海拔地区施工是极为困难的。

常年冻土：青藏铁路穿越的冻土里程长达550千米。这些冻土常年保持冻结状态，对于铁路修建是一个巨大难题。然而，一旦温度上升或地层受到扰动，冻土便可能融化成为沼泽泥地，这同样会给铁路修建带来极大的困难。

青藏铁路开工纪念邮票

生态脆弱：青藏高原的自然环境脆弱，一旦遭受破坏，将很难恢复。因此，在修建青藏铁路的过程中，要确保沿线植被不被破坏，保证野生动物栖息地的安全和完整，也是一大难题。

青藏高原的藏野驴

为什么要"陆地架桥"？

铁路和公路在修建过程中，往往要"遇山开路、逢水架桥"，可是在青藏铁路的一些路段，明明没有河流，也没有其他道路交会，却架起了长长的高架桥。原来，这些高架桥一方面是为了给藏羚羊等野生动物留下迁徙的通道；另一方面，架桥也可以最大限度地减少对地表环境的破坏，同时减轻冻土对路基的影响。

青藏铁路沿线的高架桥

青藏铁路创造的世界纪录

除了海拔最高，青藏铁路还创造了很多世界纪录：

世界上穿越冻土里程最长的高原铁路；

海拔 5068.63 米的唐古拉山车站，是世界上海拔最高的火车站；

全长 1686 米的昆仑山隧道，是世界最长高原冻土隧道；

青藏铁路冻土地段时速可达到 100 千米，这是目前世界高原冻土铁路上火车行驶的最高时速。

布达拉宫 为何被称为 "雪域圣殿"？

看来人间真的有雪域圣殿啊！

布达拉宫为谁而建？

布达拉宫坐落于西藏自治区拉萨市的红山之巅，始建于公元7世纪，是一座拥有1300多年历史的古代宫堡式建筑群，堪称西藏最大、最具代表性的建筑杰作。据说，它是吐蕃（bō）第三十三代藏王松赞干布为入藏联姻的文成公主而主持兴建的。

圣洁无瑕的"雪域圣殿"

布达拉宫依山叠砌，直至山顶，与红山浑然一体。整个建筑群由红宫、白宫及僧舍（扎厦）三大建筑组群构成，红白宫宇交相辉映，色彩对比鲜明。殿宇间错落有致，巍峨耸立，气势磅礴。布达拉宫矗立于冰雪之间，超脱尘世，远看就像一座圣洁无瑕的"雪域圣殿"，令人心生敬畏，向往不已。

跨越 13 个世纪的建造历史

据文献记载，当时的布达拉宫规模宏大，外有三道城墙，内有千座宫室。到了公元 9 世纪后，由于火灾、雷电、战乱等原因，布达拉宫遭受了严重破坏。直到公元 17 世纪 40 年代，五世达赖喇嘛在原

哇，我闻到了甜甜的奶香味！

我好想偷偷舔下啊！

址重建布达拉宫，之后历经几代人的扩建，布达拉宫才达到现在的规模。而松赞干布时期布达拉宫的主要建筑，在重修后只保留下来法王修行洞和圣观音殿。

最"甜蜜"的宫殿

有人说，靠近布达拉宫，有时会闻到一股甜甜的奶香味，有的人甚至还想上去舔上一舔。这是怎么回事呢？原来布达拉宫每年都要进行一次延续了 300 多年的传统——整体粉刷。而布达拉宫墙体的涂料，有着与众不同的"秘方"——粉刷白色墙体的白灰，会融入牛奶、冰糖、蜂蜜、奶粉及少量面粉；而粉刷红色墙体的红灰，则会加入红土、氧化铁红、红糖以及手掌参皮熬制的汁液。这个独特的"秘方"既保证了布达拉宫墙面色彩的鲜亮和持久，又提升了涂料的黏性，为墙体提供了更好的保护。

💡 你知道吗？

唐朝贞观年间，唐太宗李世民派文成公主远赴吐蕃和亲，嫁给藏王松赞干布。文成公主不仅带去佛经、金玉饰品、食品和绫罗绸缎等大量嫁妆，还携带了中原作物的种子，为当地百姓传授耕作技术。此外，文成公主还带去众多药物、疗法以及汉地医著，极大地改善了当地民生，促进了藏医的兴起。

大量的宫藏文物

布达拉宫的建造历史跨越了 1300 多年，在历经重建和扩建的过程中汇集了藏族在文化、艺术等方面的丰富精华，宫内珍藏着大量文物，如壁画、灵塔、雕塑、唐卡（卷轴画）、经卷、丝织品、印鉴、匾额、册封诏（zhào）书、告示等。

为什么富士山是日本的象征？

你知道富士山吗？

我只知道红富士苹果……

圆锥形"圣山"

作为日本的标志性文化符号，富士山的图案无处不在。拿出一张 1000 日元的纸币，在这张纸币的背面就可以看到富士山壮丽的身影。这座巍峨的圆锥（zhuī）形高山横跨了日本静冈县与山梨县两个县，最高点剑峰海拔约 3776 米，是日本的最高峰。它占地面积约 1200 平方千米，与繁华的纽约市不相上下。

富士山山顶终年白雪皑（ái）皑，景色秀美壮丽。在日本人心中，富士山有着无可比拟的神圣地位，因此被奉为日本的"圣山"。2013 年，富士山被联合国教科文组织列入了《世界文化遗产名录》。

听说富士山最近一次喷发是在 1707 年？

持续喷发了 16 天呢！

竟然是座活火山

富士山是全球最大的活火山之一，山上有寄生火山 70 多座。虽然富士山目前处于休眠状态，但自公元 8 世纪以来，它曾"狂野"地喷发过 18 次，最近且最剧烈的一次喷发发生在 1707 年，持续喷发长达 16 天，产生的火山灰甚至飘散到了东京。

富士山曾禁止女性攀登

在日本过去很长一段时间里，富士山的登山活动仅限男性参加，女性则被禁止。然而，在 19 世纪 30 年代，江户的一位女士勇敢地剪短头发，女扮男装，成功登顶富士山，成为日本首位打破这一性别禁锢（gù）的女性。

如今，富士山已经蜚（fēi）声世界，成为众多登山爱好者的游览圣地。每年 7 月至 9 月，日本政府会开放登山路线，吸引众多游客前来感受富士山的神奇魅力。

然而，征服这座高峰并不是一件容易的事情，因为山顶的气压与平地的气压相差巨大，这很可能会诱发高原反应、低体温症等危险。因此，登山爱好者必须做好充分的准备与周全的计划，以确保安全。

我要做攀登富士山的第一位女性！

《富岳三十六景》（部分）［日本］葛饰北斋

艺术与信仰之源

富士山不仅是宗教信徒们的朝圣地，也是艺术家与文学家的灵感之地。江户时代的著名浮世绘画家葛饰北斋（zhāi）创作的经典之作《富岳三十六景》，风靡（mí）全球，一举将富士山具象化为全世界公认的日本形象。而日本文学家太宰治创作的脍炙人口的短篇小说《富岳百景》，在日本文学史上占据着重要地位。

💡 你知道吗？

火山的形成，源于地球内部炽热的岩浆以及伴随其产生的气体和碎屑物质，通过地下通道喷发到地表，经过冷凝和堆积，最终形成了我们所见的火山山体。

为什么泰国被称为"大象之邦"？

是国宝，也是守护神

泰国大象，被誉为泰国的国宝。千百年前，泰国人便驯服了这些聪明又强壮的大象，并让它们与泰国人民一起并肩劳作，征战四方。因此在泰国的民间传说、艺术作品和节日习俗里，大象的身影无处不在。它们不仅是泰国人自古以来的重要伙伴，更在宗教信仰中扮演着神圣的角色。泰国人将大象视为力量、智慧和吉祥的象征，认为它们是这个国家的守护神。

泰国的国宝是什么？

我知道！是大象！

被大象改写的泰国历史

一位泰国历史学家曾表示："如果没有大象，泰国历史可能要重写。" 这并非空言，因为在泰国历史上的多次著名战役中，大象都扮演了至关重要的角色。尤其值得一提的是1592 年泰国抵抗缅甸侵略的战役，当时泰王骑乘大象冲入敌阵，故意激怒缅甸王子，与其在象背上单挑（tiǎo）。结果，泰王趁对方战象头被挑起，失去平衡时，一刀将缅甸王子砍下战象。缅军见主帅已死，无心再战，败阵而回。这场战役也让泰国威震四方。

与大象的亲密接触

在泰国著名的旅游胜地清迈，有一座独特的大象自然保护公园，它与商业化的大象营地截然不同。在这里，游客们不会看见任何形式的大象表演，而是在导游的带领下，亲身体验给这些温驯的大家伙们喂食、洗澡的乐趣，真正近距离了解大象，探索着如何与这些庞然大物亲密接触。

大象还要上学？

泰国有多所知名的大象训练学校，比如清迈规模最大的湄（méi）沙大象训练学校。这些学校会为"大象学生"们提供细致的照顾和完备的医疗，还会培训它们各种技能，以便更好地适应人类社会，或在回归自然时具备更强的生存能力。

我要上学去喽！

💡 你知道吗？

每年 3 月 13 日是泰国举国欢庆的重要节日——泰国大象节。这一天，泰国人会举办"跑象拾物""大象跨人"等各种与大象相关的活动。

《一千零一夜》里的波斯帝国真的存在吗？

《一千零一夜》里的波斯帝国是哪儿？

就是今天的伊朗啊！

丝绸之路上的神秘古国

在赫赫有名的丝绸之路上，雄踞（jù）着中东地区国土面积第二大的国家——伊朗。它是《一千零一夜》里强大的波斯帝国，曾创造出了璀（cuǐ）璨（càn）的波斯文化。今日的伊朗依然富饶而神秘，在其有着数千年历史的神秘面纱下，掩藏着无数古迹，蕴含着深厚的文化底蕴。

古代波斯使者

今伊朗设拉子附近的波斯波利斯废墟

📖 知识加油站

伊朗矿产资源丰富，天然气储量居世界第一，铜矿储量居世界第三。此外，伊朗有着十分丰富的石油储备，也是西亚地区最早发现和开采石油的国家。

哇，坐飞毯的感觉真不错！

这就是"阿拉丁飞毯"！

还记得《一千零一夜》里的阿拉丁飞毯吗？它的灵感就来自于伊朗引以为傲的古老手工制品——波斯地毯。伊朗的手工业在全球范围内享有盛誉，其中地毯编织尤为突出，这一技艺已有2000多年的历史。伊朗地毯以其精湛的编织技艺和五彩斑斓的图案著称，每一张都是独一无二的艺术品。

神奇的天然空调

亚兹德位于伊朗中部，是亚兹德省的省会，始建于公元5世纪。这座历史悠久的城市是世界上最早采用土坯（pī）建筑技术的城市之一。由于亚兹德坐落于荒漠之中，为了应对沙漠严酷的气候，当地人创造了天然空调——"风塔"。这些有着独特设计的风塔具有通风降温的作用，类似于现代的空调。家家户户的屋顶上都建有大小不一的风塔，形成了古城独特的建筑景观，亚兹德也因此被誉为"风塔之城"。在2017年，亚兹德被列入《世界遗产名录》。

伊朗波斯波利斯古城的双头狮鹫雕像

古代波斯使者

洞穴里住人？

伊朗的梅满德，这个外表别具一格且同样荣登《世界遗产名录》的古村落，以其独特的住所——洞穴屋而著称。梅满德的居民是从事农牧业的半游牧民族。他们在春、夏、秋三季住在平原上放牧牛羊，而到了冬季，他们就会住进山里。经过几千年的岁月沉淀，他们在山体岩壁上挖掘出的洞穴住所已成为独特的文化遗产，为世人所瞩目。

唐僧取经要去的"西天"是哪里？

古代的天竺国是哪里？

就是古印度哦！

坚持就是胜利！

悟空，我们离天竺国还有多远？

前面就是啦！

我肚子饿，走不动了！

神秘的"西天"

《西游记》中唐僧师徒一路西行，历尽艰辛，最终抵达西天取得真经。你知道这里的"西天"指的是哪儿吗？它便是西域的天竺国，也就是古印度。这个神奇国度位于亚洲大陆的南端，是世界四大文明古国之一，它拥有灿烂的文明、壮观的自然景观和丰富的文化遗产。

印度的"母亲河"

恒河，发源于喜马拉雅山脉南侧，横穿整个印度，是印度境内最大的河流。恒河流域物产富饶，是世界人口密度最大的地区之一，它不仅是印度历史上众多帝国王朝的统治中心，更是孕育了灿烂辉煌的印度文明，是印度文化的摇篮。恒河在印度人民心中具有无比神圣的地位，因此也被誉为印度的"母亲河"。

💡 你知道吗？

印度舞蹈的悠久历史可以追溯到远古的印度河文明时期，当时的印度先民们就已经深深地爱上了跳舞！在印度，舞者的身影无处不在，只要有鼓乐声响起，男女老少都会情不自禁地翩翩起舞。

"印度明珠"泰姬陵

三四百年前，印度莫卧儿帝国的第五代皇帝沙贾汗为了纪念他的爱妃蒙泰姬，下令建造了泰姬陵。这座陵寝以白色大理石为主材，墙壁上镶嵌着五彩宝石，因其构思和布局的完美无缺，被誉为"完美建筑"和"印度明珠"。印度著名诗人泰戈尔将其称为"永恒的爱情之泪"。泰姬陵有一神奇之处，就是随着一天中不同时间段的光线的变化，它会展现出不同的颜色。早晨，当第一缕阳光洒在陵寝上，它闪耀着璀璨的金色；白天，它则展现出耀眼的白色；夕阳余晖下，陵寝的色彩从温暖的黄色逐渐过渡到柔和的粉色和淡青色；而到了夜晚，在月光映照下，它又恢复成宁静的银白色。

听说泰姬陵在一天中会变换不同颜色？

那是光照的功劳哦！

载歌载舞宝莱坞

宝莱坞（wù）是印度孟买电影工业基地的别名，也是印度电影的代名词。这里诞生了许多著名的印度歌舞电影。在电影中，人们会穿上色彩艳丽的传统民族服饰一起载歌载舞。这些电影洋溢着独特的印度风情，在国际上也大放异彩，产生了非凡的影响力。

印度传统服饰

一个国家竟然横跨两个洲

世界上面积最大的国家是哪个？

俄罗斯！

我这里太阳刚刚升起！

我这里太阳刚刚落山！

领土面积最大的国家

俄罗斯，世界面积最大的国家，领土面积 1700 多万平方千米，比美国和英国加起来还要大。俄罗斯横跨亚洲北部和欧洲东部，横跨经度约 165 度，东部和西部的时差约 11 个小时。在这片广袤无垠（yín）的土地上，有巍峨的乌拉尔山脉、美丽的贝加尔湖，还有欧洲最长的河流、被俄罗斯人民称为"母亲河"的伏尔加河。

俄罗斯最古老的广场有多大？

莫斯科红场，俄语意为"美丽的广场"，始建于 15 世纪末，是俄罗斯最古老且极具代表性的广场，位于俄罗斯首都莫斯科市中心，总面积达 9.035 万平方米。莫斯科红场见证了俄罗斯数百年的变迁，广场西侧是克里姆林宫，北面是历史博物馆，南部是布拉仁教堂。每逢重大节日或庆典，如阅兵仪式、总统就职典礼等，都会在这里隆重举行。

俄罗斯的克里姆林宫和圣巴索大教堂

这里的太阳晚上 10 点才落山

　　俄罗斯疆域辽阔，由于很多地区都处在高纬度上，接近北极圈，因此夏季的日落时间非常晚，通常在晚上 10 点左右。在 5 月至 6 月的圣彼得堡，还会发生"白夜"现象，仿佛太阳永不落山，许多音乐节、戏剧节也会在此时举办，一场场奇妙狂欢也会因此变得更加梦幻。

贝加尔湖真的有水怪吗？

　　贝加尔湖，形状犹如新月，是亚欧大陆上最大的淡水湖，也是世界上最深的湖泊，最深处可达 1637 米，因此被誉为"世界之井"。尽管时常有人声称在湖中目击了巨型生物，但至今尚未有确凿的证据能够证明巨型生物的存在。令人称奇的是，据说在这片淡水湖中，竟然出现过海豹、鲨鱼等海洋生物的身影。有科学家推测，贝加尔湖曾是一片"北方的海洋"，后因地壳运动而演变成湖泊。不过也有人认为，贝加尔湖中的鲨鱼很可能是一种和鲨鱼长得很像的淡水鱼。

冬季的贝加尔湖

后面的 100 号，都要排整齐了……

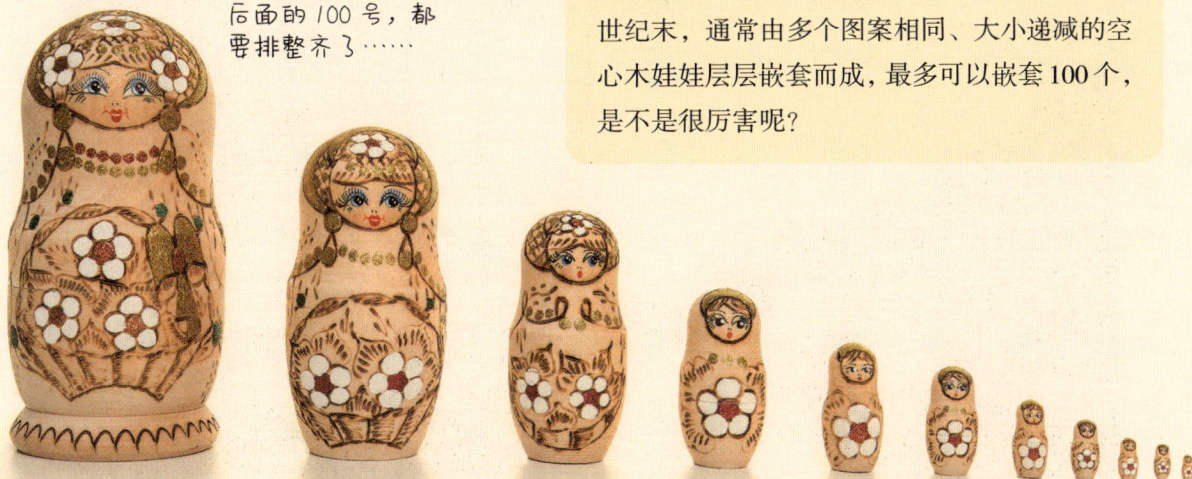

💡 你知道吗？

　　俄罗斯套娃，这一独特的手工木质玩偶，是俄罗斯特有的文化瑰宝。它大约创制于 19 世纪末，通常由多个图案相同、大小递减的空心木娃娃层层嵌套而成，最多可以嵌套 100 个，是不是很厉害呢？

丹麦到底有多浪漫？

我喜欢丹麦作家安徒生的童话！

我喜欢吃丹麦的曲奇饼干！

[丹麦] 安徒生

孕育"现代童话之父"的国度

在北欧，有这样一个国家，它的南部与德国接壤，西部与北海相邻，东部是波罗的海；它由 400 多个岛屿构成，其中包括世界上最大的岛屿——格陵兰岛。这个国家拥有大约 7314 千米长的海岸线，仿佛是一颗闪耀的明珠镶嵌在北大西洋上。它就是孕育出"现代童话之父"安徒生的浪漫国度——丹麦。

走进现实中的童话仙境

丹麦的城市景观很是独特，鲜少见到密集的高楼大厦，而是有很多极具历史底蕴的古朴建筑。这样的城市景观体现了自然历史与建筑艺术的巧妙融合。走在丹麦的城市中，仿佛置身于一幅绮（qǐ）丽的童话画卷。这里的浪漫与梦幻无处不在：色彩斑斓的新港运河旁，古老的建筑鳞次栉（zhì）比；格陵兰岛极夜绚烂的极光和极昼不落的太阳，更是如童话仙境照进现实。

哥本哈根新港

等待王子归来的小美人鱼

在丹麦首都哥本哈根的长堤公园里有一座以安徒生童话《海的女儿》为原型铸塑的小美人鱼铜像。在 100 多年的时光里，小美人鱼孤单地坐在岩石上等待王子的归来。为了让童话的结局变得圆满，雕塑家们在小美人鱼遥望的赫尔辛格岛上雕刻了一座现代风格的王子雕像，王子与公主从此遥相为伴。

我们彼此相伴吧！

"北欧黄金"与"美人鱼眼泪"

琥珀被称为"北欧黄金"，相传丹麦是世界上第一个发现琥珀的国家。在丹麦，有琥珀是"美人鱼眼泪"的说法，这些"眼泪"十分珍贵，需要经过千万年的沉淀才能形成。在哥本哈根，有一所"琥珀屋"，它是世界上最古老且最顶尖的琥珀首饰和艺术品的供应商之一，创立于 1933 年。在这里不仅可以了解丹麦琥珀的历史、观赏各种精美的琥珀珍品，还可以观看各位工艺大师制作琥珀展品的全过程。

丹麦人的力量

丹麦国旗自 13 世纪初一直沿用至今，是现今仍在使用的国旗之中最为古老、历史最为悠久的一面。它的诞生同样充满了童话色彩。据传，在 1219 年的一场丹麦与爱沙尼亚的至关重要的战争中，当双方激战正酣之际，一面带有白色十字的红旗突然从天而降。丹麦国王果断地命令全军竖起这面旗帜并发起全面进攻，最终丹麦大军取得了辉煌胜利。因此，这面国旗后来被誉为"丹麦人的力量"。

🖥 课堂小链接

琥珀，是一种地质时期的松柏科植物树脂经过漫长的地质作用而产生质变的化石。它通常以半透明至透明的块体形态出现，外形不规则或呈现泪滴状。在琥珀的内部，人们常常能发现被包裹的昆虫或植物体。

奇怪，这只小虫子是怎么钻进琥珀里的呢？

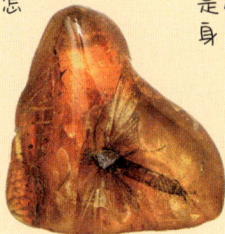

是树脂滴到小虫子身上，把它粘住的！

凡尔赛宫有多奢华？

艺术殿堂的无价之宝

在距离"浪漫之都"巴黎 18 千米外的凡尔赛城，矗立着一座宏伟壮丽的王宫——凡尔赛宫。这座宫殿始建于 1624 年，占地约 111 万平方米，包含宫殿、花园、放射形大道三部分。宫内拥有 500 多间大殿小厅，奢华的镀金浮雕、金银丝镶边的天鹅绒墙壁、精致的古典家具、恢宏的巨幅油画以及世界各国的艺术珍品……使这座富丽堂皇的宫殿荣登《世界文化遗产名录》。

凡尔赛宫我都去过好几次了！

真那么奢华吗？

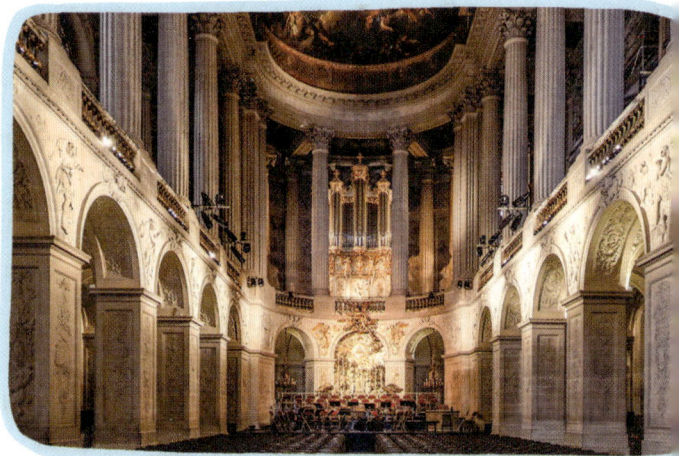

凡尔赛宫金碧辉煌的内饰

路易十四画像

"太阳王"的杰作

凡尔赛宫原本是法国国王路易十三的一座狩猎小行宫，后来"太阳王"路易十四下令对其进行改建和扩建，整个工程历经二十几年才竣工，耗资巨大。这座狩猎小行宫最终变成了一座极致奢华的王宫。

路易十四将自己视为太阳神阿波罗的化身，因此，在凡尔赛宫，太阳的徽记以及阿波罗的绘画、雕塑随处可见。很多建筑也以阿波罗命名，比如国王的御（yù）座厅被命名为阿波罗厅，其他大厅也多以环绕太阳的行星命名，后花园中最引人注目的喷泉也是被命名为阿波罗喷泉。

辉煌镜厅

镜厅是凡尔赛宫内最重要最奢华的厅堂，更是欧洲历史上众多重要事件的见证地。朝向花园的一面，有 17 个拱形巨窗，与之交相辉映的是内墙上同样大小和设计的 17 扇镜窗，透过它们可以看到建筑东西主轴线上的美景。整个镜厅共有 483 块镜片，据说为了制造这些镜片，路易十四专门派人前往意大利威尼斯学艺。

凡尔赛宫镜厅

法国历史的见证者

法国大革命时，伴随着法国人民冲入这座宫殿，凡尔赛宫目睹了路易王朝的终结；在普法战争中，凡尔赛宫被普鲁士占领，德国皇帝威廉一世亦在镜厅加冕（miǎn）；第一次世界大战后，诸国在凡尔赛宫签订了《凡尔赛和约》；第二次世界大战时，凡尔赛宫又沦为德军指挥部……

💡 你知道吗？

1833 年，当时奥尔良王朝的路易·菲利国王下令修复凡尔赛宫，并将其改建为国家博物馆。如今，已成博物馆的凡尔赛宫珍藏着许多世界知名艺术品，包括玛丽王后的珠宝柜、拿破仑肖像油画以及洛可可风格画派大师布歇的作品等。

卢浮宫里藏着多少稀世珍品？

听说卢浮宫有40多万件艺术藏品？

是啊，很多都是王室收藏的呢！

震撼的万宝之宫

在法国的塞纳河畔，矗立着一片壮观的 U 型建筑群——卢浮宫博物馆（简称卢浮宫）。历经 800 多年的风雨洗礼，它依旧散发着宏伟辉煌的气息。这座享誉全球的艺术殿堂曾是法国的王宫，居住过 50 位法国国王和王后，位居世界四大博物馆之首。

卢浮宫珍藏着来自世界各地不同历史时期与多种艺术流派的 40 多万件艺术珍品，包括绘画、雕刻、陶瓷、珠宝、家具等，多数曾为王室收藏品。

我可是希腊神话中的爱神和美神！

谁能猜透我的微笑？

《米洛斯的维纳斯》

《萨莫色雷斯的胜利女神》

《蒙娜丽莎》

卢浮宫三宝

《米洛斯的维纳斯》《萨莫色雷斯的胜利女神》《蒙娜丽莎》被称为"卢浮宫三宝"。

《米洛斯的维纳斯》又称《断臂的维纳斯》，是希腊神话中爱与美的女神。雕塑高 2.04 米，由雕塑家阿历山德罗斯于公元前 2 世纪的希腊时期创作。

《萨莫色雷斯的胜利女神》是为纪念德米特里战胜托勒密舰队而建。虽失去头部和双臂，但身躯完好，现存部分高 2.45 米。它创作于公元前 2 世纪初，1863 年在萨莫色雷斯岛被发现。

《蒙娜丽莎》是达·芬奇在文艺复兴时期的杰作。蒙娜丽莎的微笑既瞬间又永恒，散发着超越时空的魅力。这幅画虽被达·芬奇视为"未完成作品"，却仍被法国国王法兰西斯一世买下。

拿破仑的"投资"

拿破仑称帝后，卢浮宫迎来了一次规模空前的扩建。这位霸主以前所未有的"帝国风格"对其进行装饰，比如威尼斯圣马可大教堂的马群雕刻，就被取下来，装在了新建的竞技场的拱门上。拿破仑雄霸欧洲期间，搜罗着欧洲各地的稀世珍品，甚至不惜通过掠夺来实现。这些珍贵的艺术品最终都成为卢浮宫收藏的一部分。

💡 你知道吗？

达·芬奇的名画《蒙娜丽莎》曾在 1911 年神秘消失，两年多杳（yǎo）无音讯。直到曾在卢浮宫工作过的玻璃工匠文森佐·佩鲁贾将其归还，才让这场震惊世界的"世纪之盗"落幕。

这里也有"金字塔"

卢浮宫内的"金字塔"，实际上是金字塔形的玻璃透明屋顶，它的设计初衷是为了解决王宫改为博物馆后所面临的游客分流问题。这一创新设计由美国著名建筑师贝聿（yù）铭完成。卢浮宫院内共有一大四小，五个玻璃"金字塔"，其中最大的也是最著名的是总入口的屋顶，远远望去，就像一颗飞来的宝石。

咦，这难道是埃及金字塔吗？

这是卢浮宫入口啦！

比萨斜塔会越来越斜吗？

好担心比萨斜塔有一天会倒！

听说两三百年之内不会倒的！

倾斜了 800 多年的"危楼"

比萨，意大利一座并不显眼的小城，却因为一座"危楼"——比萨斜塔，蜚（fēi）声世界。比萨斜塔位于比萨大教堂的后面，这座 8 层的白色大理石钟楼，高约 55 米，自 1918 年开始监测以来，塔身平均每年向南倾斜 1 毫米。至今，塔顶偏离中轴线已达 5.2 米。然而令人称奇的是，尽管历经 800 多年的风雨洗礼，包括数次强烈地震的考验，它仍优雅而坚韧地屹（yì）立在比萨大教堂建筑群中，成为意大利著名的标志性景观之一。每天，都有世界各地的游客慕名而来，似乎不拍一张"扶塔"打卡照，便觉得自己枉来一趟意大利。

不拍一张扶塔照，都不算来过意大利！

💡 你知道吗？

比萨斜塔的第 8 层是个钟房，内部按音阶排列了 7 口钟，理论上，只要敲响它们，就能奏出悦耳的旋律。然而，出于对钟楼稳定性的考虑，自从它建成以来，这些钟就从未被真正敲响过。

为什么会倾斜？

这要从比萨这座城市说起。比萨这座小城，坐落于意大利中西部阿尔诺河畔。而阿尔诺河畔的土层，是在过去的几千年里，河水泛滥留下的松散沙粒或黏土累积而成。这样的土壤过于松软，不够坚实，无法提供足够的支撑力。更为复杂的是，比萨地区的地下水位特别高，尤其在建造比萨斜塔的位置，地下水位离地面只有一米多，这使得土层更加不稳定。基于地基土质较差，再加上塔基深度不够，导致在建造过程中塔基产生不均匀沉降，而使塔身逐渐发生倾斜。

拯救倾斜危机

从比萨斜塔建成之日起，人们就担心这座"危楼"有一天会倒下，试图想要把它"扶正"。在二战中，比萨斜塔在战火中又遭到了破坏，出于安全考虑，1990 年起，斜塔对公众关闭。经过 11 年的修复，包括结构加固、修复地基土体等，比萨斜塔的倾斜趋势有所减缓。2001 年，斜塔重新对公众开放。据说未来两三百年内，都不会有倒塌的危险。

💡 你知道吗？

据说，1590 年，伽利略在比萨斜塔的塔顶做了"两个铁球同时落地"的实验，由此推翻了亚里士多德关于"落体下落速度和重量成比例"的错误结论，确立了正确的"自由落体定律"。

自由落体定律

实验证明我的"自由落体定律"是正确的！

威尼斯的孩子，每天都要坐船去上学吗？

让我们荡起双桨……

出门就坐船

世界上有这样一座城市，它既没有汽车、自行车，也没有交通信号灯，这里的人们出行全靠坐船，孩子上学要乘船，大人上班要乘船，就连消防员救火也得乘船。这座"以河为街，以舟代车"的城市，便是位于意大利东北部的著名水城——威尼斯。

传奇的"水上之城"

威尼斯由 118 个岛屿、170 多条蜿蜒的水道以及 400 多座形态各异的桥梁共同组成。在这里，船是唯一的交通工具，大运河就是威尼斯的"大街"。在这条波光粼粼的"大街"两岸，遍布着 13 至 18 世纪不同风格的豪宅和宫殿。这些建筑仿佛浮于水上，在晨雾与潋（liàn）滟（yàn）波光中若隐若现，充满诗意与梦幻。

💡 你知道吗？

威尼斯有一种特色小船叫作"贡多拉"，这种黑色平底、首尾尖翘的狭长木船由当地人用单桨划行，这些船只载着全球的游客常年穿梭在如诗如画的威尼斯。

威尼斯的贡多拉

无拘无束的狂欢节

意大利有一句俗语——"狂欢节时开什么玩笑都可以"，这可不是无稽之谈。威尼斯每年2月的狂欢节是该地最多姿多彩的节日，一般会持续十来天。每逢狂欢节来临，人们会化妆成国王、贵妇、神仙、天使、魔鬼、小丑，甚至是各种物品……简直是千奇百怪。在面具背后，社会阶层被取消了，年龄差距被取消了，甚至性别也被取消了。人们肆意走上街头快乐起舞，尽情享受这无拘无束的狂欢喜悦。

国际电影节之父——威尼斯电影节

1932年创立的威尼斯电影节，是世界上首个国际电影节，被誉为"国际电影节之父"。由于是第一次举办，参赛国家寥（liáo）寥无几，参赛影片也仅有二十几部。再加上评选机制不够完善，竞争氛围并不浓厚，颇有些嘉年华的轻松氛围。奖项设置也比较有趣，除了现在我们所熟知的最佳导演、最佳男演员、最佳女演员、最佳原创故事等奖项，还设有最感人的影片、最快乐的影片等奖项。

梵蒂冈为什么是"国中之国"?

麻雀虽小，五脏俱全！

好小的国家啊！

不可思议的"国中之国"

一个国家的面积竟然只有天安门广场那么大！你没看错！它就是位于意大利首都罗马城内的国中之国——梵蒂冈。梵蒂冈的面积仅为 0.44 平方千米，是世界上面积最小的国家，境内既没有山河湖海，也没有农田工厂，更没有丰富的自然资源。它的国民数量仅有 1000 多人，而常住人口不过几百人。

尽管是这样一个袖珍小国，却是世界天主教的中心，拥有世界上最大的教堂——圣彼得大教堂。

梵蒂冈的圣彼得大教堂

一个完整的国家

虽然在意大利境内，梵蒂冈却是一个完整的主权国家。这里既有国宝级别的圣彼得大教堂、收藏历代教皇艺术品的梵蒂冈博物馆，还有大约占国土面积一半的大花园，周边设施一应俱全，包括餐厅、商铺、药店、邮局等。在花园中，还四散分布着一些小教堂，更有国家的重要机构，如政府大厦、神学院、广播电台等。此外，还有火车站、监狱以及一支小型的瑞士卫队。城墙最西边的小角落，还设有一个直升机机场。

为什么在意大利境内？

在 19 世纪中叶，意大利经历了皇权与教皇的激烈斗争，最终皇权在 1870 年完成了统一，收复了教皇管辖的罗马城及其他领地，罗马成了意大利的首都。由此，教皇不得不退居梵蒂冈宫，把它当作临时领地。意大利政府和教皇进行了长期的谈判，最终在 1929 年签订了《拉特朗条约》，确立了梵蒂冈作为一个独立国家的法律地位。从此，梵蒂冈便成了世界上最小的独立国家。

来自瑞士的卫兵

梵蒂冈城门外的圣彼得广场，是 17 世纪建筑大师贝尼尼倾注 11 年心血创作的杰作，被誉为世界上最对称、最壮丽的广场。城门门口，笔挺的卫兵永远站立着，他们身着传统制服，手持古老的长戟（jǐ）和盾牌，形成了一道独特的风景线。据说，由于梵蒂冈人认为瑞士人忠诚、勇敢，因此这些卫兵仅从瑞士人中选拔。

💡 你知道吗？

圣彼得大教堂作为世界上最大的天主教堂，其进门处的第一件雕塑是米开朗琪罗在 24 岁时创作的《圣母怜子》。

《圣母怜子》［意大利］米开朗琪罗

"巨石阵"是外星人的杰作吗?

哇,看起来像迷魂阵啊!

难道是外星人建造的?

荒原上的远古巨石

在英国伦敦西南 100 多千米外的索尔兹伯里平原上,矗立着一堆由数十根巨石围成的巨石阵。巨石阵是欧洲著名的史前时代文化神庙遗址,石阵的直径 70 多米,周长 220 多米。巨石阵的石块大都是整块的蓝砂岩,最大的石块约有 50 吨重。根据英国考古学家研究判断,这座巨石阵建造于公元前 2300 年左右,断断续续经历了好几个世纪才最终建成。

嘿哟,嘿哟,向前走!

是外星人建造的吗？

公元前 2300 年左右，正处在新石器时代晚期，当时没有钢铁工具，没有炸药，更没有运载巨石的车辆，当时的先民是用什么方法从高山上挖取这样巨大的石块呢？又是如何穿越崎岖的山路把这么重的石头运过来的呢？这些都是谜。

巨石阵更为神奇之处在于夏至时，太阳和主轴线位于同一条直线上；其中还有两块石头的连线，指向冬至日落的方向。如此有"天文"意识绝不可能是巧合。另外，学者们通过仪器检测，竟然发现巨石阵能发出超声波……面对这些难以解释的谜团，有人干脆认为巨石阵是外星人建造的。

巨石阵是干什么用的？

关于巨石阵的用途，目前也是存在多种说法。

有人根据石块的排列方式与季节及天象的对应关系，推测它有可能是 4000 多年前的先民们为了观测天象而建造的。

另外，英国考古学家敲击巨石阵后，发现这些石头的音效和回响都各不相同，发出的声音就像木质或者金属钟。而且，这些石头上的确留下了敲击的痕迹。这不得不让人引发猜测：巨石阵或许曾作为乐器存在？

不过，根据在巨石阵发掘出的大量墓穴和人类遗骸，考古学家认为它更像是一处古代墓地或祭祀场所。

我认为它是古老的乐器！

它更像是古代的墓地！

我觉得它是古人用来观测天象的！

你知道吗？

在离巨石阵不到 3000 米的地方，人们发现了另一处巨石群，一共有 90 多块，每块巨石约 4.6 米高，其规模和震撼力堪称巨石阵的加强版。巨石遗迹并非孤例，它们遍布全球各地，东亚、东南亚、非洲等地都已发现了巨石建筑。这些巨石遗址共同构成了世界独特的"巨石文化"。

圣托里尼岛——古希腊神话中的仙境

> 走，带你去圣托里尼岛度假！

> 哇，那可是古希腊神话中的仙境呀！

> 这里的蓝白世界太美了！

悬崖上的蓝白世界

在蔚蓝的爱琴海海面上，有一个由火山堆砌成的岛环，圣托里尼便是环岛内最大的岛屿，它宛如一弯新月，静静卧在海面上。圣托里尼岛上随处可见依山而建的白色建筑，屋顶大多是海水一般的湛蓝色，这些平顶与圆顶的建筑高低错落，共同组成了童话般的蓝白世界。圣托里尼岛有世界上最美的夕阳、最具艺术风情的海洋，是古希腊神话中的仙境。

爱琴海的火山明珠

在圣托里尼岛上藏着一个历史奇迹——古城阿克罗蒂里遗迹。这座古城遗迹表明 4000 多年前就有人类生活在这里，一度发展得鼎盛繁荣，但因为地震与火山爆发等原因，古城被无情掩埋。不过，也正因为火山物质的覆盖，古城遗迹被保存得相当完好。现在步入古城，依然能看见几千年前的鹅卵石街道、多层房屋和精美的壁画、豪华的家具等。

阿克罗蒂里的壁画

圣托里尼岛上真的存在迷宫吗？

圣托里尼岛上并不存在神话里的迷宫。因为根据希腊神话，迷宫是由克里特岛的统治者米诺斯国王在克里特岛上建造的，如今克里特岛上仍保留着米诺斯迷宫的遗迹。实际上，克里特岛所孕育的米诺斯文明是欧洲最早的文明，而圣托里尼岛仅是克里特岛的一个港口和商业中心。然而，圣托里尼岛的火山活动间接导致了米诺斯文明的衰败。

你能走出这个迷宫，算你赢！

你走一个试试！

知识加油站

圣托里尼岛由3个小岛组成，其中包括沉睡的火山岛尼亚卡梅尼。由于火山地质，岛上有因火山喷发形成的黑色沙滩，也有岩浆冷却后形成的红色海滩，景观非常独特。

为什么临海却缺水？

虽然圣托里尼岛四面环海，但是缺乏淡水资源。对于岛上的居民来说，过去主要是靠接雨水或者是从他国进口淡水，因此每一滴水都很珍贵。为此岛民们还充分发挥智慧，设计出雨水收集系统，借助层叠的房屋和平顶结构，将雨水巧妙地引入家中的蓄水池中。如今，随着科技的进步，岛上已经配备了先进的海水淡化供水系统，这里的人们再也不用担心缺水问题，于是蓄水池也渐渐变成了私家泳池。

圣托里尼岛的红色海滩

为什么斗牛是西班牙的国粹？

西欧的"斗牛王国"

在欧洲西南部的伊比利亚半岛上，坐落着一个热情似火的国度——西班牙。这里是文学巨著《堂吉诃（hē）德》的诞生地，是艺术大师毕加索的故土。这里不仅有热烈奔放的西班牙舞蹈，更有令人瞩目的西班牙国粹——斗牛。西班牙也被称为"斗牛王国"。

在西班牙，几乎每个城市都有斗牛场。在宽阔的斗牛场上，斗牛士们穿着华丽的紧身衣和紧身裤（一般要绣花、绣金，甚至还要镶嵌钻石），手持长矛、利剑、匕（bǐ）首与花镖（biāo），挥舞着红色斗篷挑逗健壮的公牛。在惊心动魄的搏斗中，全场观众的热情被一次次点燃。

斗牛的起源

西班牙斗牛，据说起源于古代宗教的祭祀活动。不过也有学者推测，斗牛最早可能与原始人的捕猎有关。在原始人发现野牛后，经过殊死搏斗将其杀死，变成自己的战利品，为了庆祝胜利并传播猎取的方法，便反复模拟战斗过程，这样的模拟过程久而久之就成为一种表演形式。在早期的西欧，斗牛是一项贵族运动，随着社会的发展，斗牛逐渐走入民间，成为全西班牙人都喜爱的民族性体育娱乐活动。

📖 知识加油站

西班牙斗牛文化对许多艺术家与文学家们都有着深远影响，美国知名作家海明威多次从中汲（jí）取灵感，创作出了与斗牛文化有关的《死在午后》《太阳照常升起》等脍炙人口的作品。

融进谚语里的斗牛文化

西班牙人将斗牛视为精神象征，斗牛文化已经深深融入他们的语言之中。在西班牙，很多谚语都与斗牛有关，比如"斗牛的人要受得住牛角的顶撞"，意思是处于危险中的人要有承担后果的勇气；而"斗牛打架，树枝遭殃（yāng）"，就跟我们所熟悉的"城门失火，殃及池鱼"是一个意思，比喻因受连累而遭受损受。

你知道"斗牛打架，树枝遭殃"是啥意思吗？

和"城门失火，殃及池鱼"是一回事嘛！

禁止斗牛表演

随着文明的进步和人们观念的转变，越来越多的西班牙民众认为在斗牛表演中残忍杀死公牛触犯了动物权益。于是，在 2012 年，西班牙巴塞罗那加泰罗尼亚地区议会积极响应公众呼声，决定在该地区禁止斗牛表演。不过也有一部分人认为，斗牛这一传统是西班牙国家遗产的一部分，不应该通过立法来全面禁止。

💡 你知道吗？

斗牛士中也有女性高手，早在 20 世纪 90 年代，就有著名的女斗牛士克里斯蒂娜·桑切斯走进斗牛场，为观众带来了一场场精彩又惊险的斗牛表演。

阿尔卑斯山脉为什么被称为"欧洲的脊梁"？

你听说过阿尔卑斯山脉吗？

我只听说过阿尔卑斯奶糖！

阿尔卑斯山脉的最高峰勃朗峰

欧洲第一山脉

阿尔卑斯山脉西起法国东南部地中海岸，经意大利北部、瑞士和德国南部，东至奥地利维也纳盆地。一路绵延约 1200 千米，犹如一条巨大的脊梁，耸立在欧洲大陆之上。作为欧洲最高大的山脉，阿尔卑斯山脉的许多山峰都超过了 4000 米，其中勃朗峰高达 4808.73 米，成为西欧第一高峰。

形成的原因

这座雄伟的山脉可是个古老的家伙，属于第三纪的褶皱山脉，大约在 7000 万年前，中生代快要结束的时候，阿尔卑斯造山运动就开始啦。一直等到晚始新世时期，之前由非洲分裂出的不断向北移动的小板块，终于和欧洲板块撞上了。就这样，它们不断地碰撞，慢慢地就形成了我们现在看到的阿尔卑斯山脉。

📖 知识加油站

欧洲许多著名的河流都发源于阿尔卑斯山脉，如多瑙（nǎo）河、莱茵河、波河、罗纳河等。

72

瑞士之魂

瑞士拥有阿尔卑斯山脉的核心区域，当地人将阿尔卑斯山视为"瑞士之魂"。白雪皑皑的山峰、古老的罗纳河冰川以及碧波荡漾的湖泊，共同绘制出一幅壮丽的画卷。马特洪峰以其独特的三角锥形外观，成为瑞士的标志性象征。

山脉和山峰有啥区别？

山峰指的是单独一座高山，而山脉是很多座山峰和山谷连接在一起的山体。

冰川天堂

阿尔卑斯山脉上冰川云集，这些由亿万年沉积而成的自然景观雄伟壮观，震撼人心。从瑞士境内的萨斯斐小镇出发，能抵达全世界最大的冰川雪洞。这座隐藏在地下、形成于2000多年前的冰洞，现在已化身为一座冰雪宫殿博物馆，向世人介绍着阿尔卑斯冰河和瑞士滑雪的历史。

夏季的罗纳河冰川

💡你知道吗？

据报道，由于气候变暖，自1850年以来，阿尔卑斯冰川的体积大约缩减了60%。照此发展，瑞士1500座阿尔卑斯冰川有半数将在2052年之前消失。

加拿大为什么被称为"枫叶之国"？

看，像不像一团火？

秋季的"红色海洋"

在北美洲北部，坐落着世界上国土面积第二大的国家——加拿大。每年从 9 月中旬到 10 月下旬，这片广袤的大地便化作一片红色的海洋。全国各地遍布的枫树仿佛一团团炽热的火焰，在碧蓝如洗的天空下熊熊燃烧，连绵不绝。

无处不在的枫叶

由于地处寒带与寒温带，加拿大仅有约十分之一的土地适宜耕作，然而枫树却能顽强地在这片土地上扎根生长，郁郁葱葱。加拿大人对这种充满生机的植物情有独钟，将其视为国家的象征，因此枫树便成为加拿大的国树。

枫叶是加拿大国徽和国旗的主要元素图案。每年，加拿大都会举办盛大的枫叶狂欢节，人们载歌载舞，热情洋溢，吸引着全球游客前来体验这个国度的热情与活力。

📖 知识加油站

加拿大地广人稀，国土面积约为 998 万平方千米，人口却只有三四千万，人口密度每平方千米大约只有 4 人，是世界上人口密度较低的国家之一。

枫树赠予的美食

　　枫糖浆是加拿大的传统特色美食，据说只有硬枫、黑枫和红枫树的汁液才可以用来制成糖浆。加拿大凭借满国枫树资源，成为全球最大的枫糖浆生产地。每年3月到4月期间，加拿大都会举行传统节日"枫糖节"，届时，主要糖浆产区的数千座农场都会装饰一新，用精心酿制的枫糖浆迎接各地游客。游客们可以在农场门前品尝一杯新鲜出炉的枫糖浆，随后乘坐马拉雪橇欣赏枫林美景，观看人工采集浆汁的过程。接着，还可以参观枫糖加工厂，了解枫糖的制作流程，并有机会品尝美味的"太妃糖"。

枫叶之外的魅力

　　加拿大是世界上最靠北的国家之一，这里有着令人叹为观止的自然奇观——北极光，它变幻莫测，如彩带般飘浮在寒冷的天幕之上。此外，在这片神奇的土地上，还能目睹众多寒带特有的野生动物：胖墩墩的加拿大国宝河狸、身高能达到2米的驼鹿、在冰川上漫步的北极熊、长着两颗长牙的海象、不时跃出海面的独角鲸……

海象

北极熊

独角鲸

驼鹿

你听说过"跨国"瀑布吗？

印第安语的"尼亚加拉"是什么意思？

雷神之水！

"雷神之水"的气势

提及世界著名大瀑布，不少人脑海中会立刻浮现出被印第安人称为"雷神之水"的尼亚加拉瀑布。这座壮观的瀑布坐落于北美洲的尼亚加拉河上，河流长达 56 千米，上接海拔 174 米的伊利湖，下面注入海拔 75 米的安大略湖，上下落差达 99 米。想象一下，尼亚加拉河从伊利湖一路奔腾而来，到了安大略湖时，突然遇到了一个近乎 90 度的大转弯，就像玩起了超级过山车，从高高的石灰岩崖壁上猛地冲下来，那声音，简直就像雷霆一样震撼人心！

美国亚美利加瀑布
↓

加拿大马蹄瀑布
↓

被一分为二的"跨国"瀑布

一座瀑布横跨两个国家？是的，尼亚加拉瀑布并不只属于一个国家，而是被一座居中的长形小岩岛——戈特岛，分成了两部分：东边属于美国，叫"亚美利加瀑布"；西边属于加拿大，因形状像个半环，所以叫"马蹄瀑布"。

瀑布中的"雾中少女"是谁？

"雾中少女"可不是什么神秘的女孩，而是美国的一艘有着 170 多年航行历史的、专门用来观赏尼亚加拉瀑布的游轮。在美国和加拿大，这样的游轮有很多，但"雾中少女"号可是最有名的！这艘双层白色的全钢游轮马力十足，每次都会载着 400 多名穿着标志性深蓝色雨衣的游客，冲向那气势磅礴的瀑布，直达马蹄瀑布的边缘，让人们能近距离感受大自然的神奇魅力。

"雾中少女"一定很美吧！

别幻想了，它是一艘游轮！

瀑布为什么开始后退？

尼亚加拉瀑布下的石灰岩壁由于常年受水流冲蚀，渐渐崩坍（tān），因此出现了向上游后退的现象。为了保护这一壮丽景观，美国和加拿大采取了控制水流、加固岩壁等一系列措施，成功将瀑布的后退速度控制在了每 10 年 0.3 米以内。

📺 课堂小链接

在我国，著名的瀑布也有很多，比如贵州的黄果树瀑布、山西和陕西两省交界处的壶口瀑布、浙江雁荡山的大龙湫（qiū）瀑布以及黑龙江的吊水楼瀑布等。

在亚马孙雨林探险，会遇见什么？

好想去亚马孙雨林探险！

你连蚂蚁都害怕，我劝你还是打消这个念头吧！

地球的"吸尘器"

亚马孙河，全长约 6480 千米，如巨龙一般蜿蜒在南美洲大陆上，沿途大小支流 1000 多条。在它的两岸，孕育了世界上最大的热带雨林——亚马孙雨林。这座雨林横跨巴西、哥伦比亚、秘鲁、委内瑞拉、厄（è）瓜多尔、玻利维亚、圭亚那及苏里南等 8 个国家，面积约为 700 万平方千米，拥有全球 20% 的淡水资源，孕育了上万种树木种类，每年能吸收约 22 亿吨二氧化碳，可谓是地球的"吸尘器"和"吸碳器"。在生机勃勃的亚马孙雨林里，拥有地球上约 10% 的动植物物种，动植物物种类数量高达 300 万种，构筑了一个物种丰富的神秘王国。

植物王国大探险

亚马孙雨林植物繁盛，遮天蔽日。徒步在这片神秘的雨林，你能看到参天的棕榈（lú）树和橡胶树，你能闻到龙舌兰散发的吸引飞虫的神秘气味，你能目睹花朵大得像个足球、莲叶直径达两三米的"水中大力士"——王莲（据说王莲的莲叶甚至能托起一个三四十斤重的孩子）。如果你耐着性子观察，有可能还会看到一只虫子陷入有"食人花"之称的捕蝇草布下的陷阱……当然，在这片生机盎（àng）然的热带雨林，你看到的只是冰山一角，还有许许多多罕见的、叫不出名字的植物尚未被人类发现和记录。

遇见奇异动物

如果你有足够的胆量徒步穿越这片热带雨林，你会遇到许许多多奇异的动物：隐蔽在树洞里等待猎物靠近的、如同成年男子手掌大小的巨人食鸟蛛；悄无声息地盘息在浅水中的、体长5~10米、粗如水桶的巨蟒森蚺（rán）；真正会逆生长的（越长越小）"不合理蛙"；水面上奔跑的"蛇怪蜥蜴"；"食人鱼"的原型水虎鱼；潜在水里缓缓移动的"隐身高手"枯叶龟；被誉为"冷血杀手"的凯门鳄……

狼蛛

凯门鳄

食人鱼

森蚺

你知道吗？

"不合理蛙"这个名字听起来就很奇怪，主要是因为这种蛙与众不同的生长过程让人匪（fěi）夷所思。当它还是蝌蚪时，身长约有23厘米长，可是长大后却只有6厘米左右。这种生长方式似乎违反了自然规律，因此得名"不合理蛙"。

约23厘米

6厘米左右

探寻原住民部落

亚马孙雨林中还存在着许多与世隔绝的原始部落，印第安人在两万多年前就定居在亚马孙河流域，创造了独特的印第安文明。这些印第安部落的居民几乎不穿衣物，以种植植物、打猎为生。据说，他们有各自的信仰与图腾，有完全以女性为主导的"女儿国"，也有传说中的"食人族"。

狮身人面像的鼻子去哪儿了？

你干吗一整天戴着口罩？　　我在保护鼻子！

古老文明丰碑的守卫者

在埃及的金色沙漠中，巍峨的金字塔群如永恒的守护者一般静静地矗立着，它们是古埃及法老（即国王）的陵墓。在王陵与庙宇的通道两侧，常并列着形态各异的狮身人面像，小的只有一米左右，大的高达几十米。在埃及，狮子常被当作是法老的力量与权威的化身，因此狮身人面像仿佛具有了人和动物结合在一起的超凡力量。在人们心中，法老是人与神的结合，狮身人面像便象征着法老至高无上的权威。

最著名的狮身人面像

在众多的狮身人面相中，最古老、最著名的是坐落于哈夫拉金字塔前的那尊狮身人面像。它由一整块岩石雕凿而成，高 20 米，全长 72 米，身躯像一只卧着的狮子，而颈部以上则是一张威严的人脸。它头顶王冠，留着典型的埃及王室发型，额前刻有圣蛇雕饰，脖子上围着项圈，前面还有两只威猛的巨爪。根据它的面部特征看，人们普遍认为它是按古埃及第四王朝法老，即国王哈夫拉的肖像塑造的。

鼻子去哪儿了？

　　这座大狮身人面像的鼻子去哪儿了呢？这至今仍是个未解之谜。目前有几种广为流传的说法：一种说法是，拿破仑征战埃及时，见狮身人面像威严逼人，感觉是在向自己示威，愤怒之下，下令用炮火轰掉了它的鼻子；另一种说法是，几百前年，狮身人面像被埃及中世纪近卫军当成了炮轰的靶子，结果鼻子被打掉了；还有一种说法是，狮身人面像历经长年累月的风雨侵蚀，导致了鼻子自然消失。但究竟真相如何，现在还没有定论。

听说是拿破仑用炮火轰掉的！

被当成炮轰的靶子给打掉的！

应该是被风雨侵蚀的！

说不定是被老鼠啃掉的……

"梦之石碑"

　　狮身人面像的两爪之间有一块高达 3.5 米的花岗岩石碑，被称为"记梦碑"。说起这块碑的来历，还颇具神秘色彩呢。相传，3000 多年前，埃及第 8 位法老图特摩斯四世尚未登上王位，他曾有一次因狩猎疲惫不堪，于沙地之上沉沉睡去。梦中，他见一尊狮身人面的雕像向他恳求，希望他能将自己从沙土中解救出来，并承诺作为回报，将助他登上埃及王座。图特摩斯四世醒后，遵循梦境中的指引，成功挖出了狮身人面像，他也在不久后顺利地当上了埃及的法老。为纪念这段传奇经历，他特立此石碑，以传颂这一传奇的经历。

古埃及金面法老面具

东非大裂谷是"地球最大的伤疤"吗？

这个"伤疤"有点大！

地壳运动形成的美丽"伤疤"

从飞机或者卫星上俯瞰东非大陆，会看见地面上有一道气势雄伟的长长"疤痕"，那便是著名的东非大裂谷。它因 3000 多万年前地壳断裂运动而形成，总长 6400 多千米，相当于地球周长的 1/6，是地球上最长的断裂带，所以也被称为"地球最大的伤疤"。

野生动物天堂

虽然叫"裂谷"，但它并不阴森可怕，相反，这里是非洲大陆蓬勃跳动的心脏。裂谷地区分布着众多的大型湖泊，就像一座巨型天然蓄水池。这些湖泊周围有大片草原，孕育了狮子、大象、长颈鹿、羚羊、狮尾狒狒等无数生灵。在特定季节里，数以百万的牛羚和斑马组成庞大的队伍，进行着壮观的大迁徙。河马、鳄鱼栖息在湖泊与河流中，火烈鸟像一团团火焰，"燃烧"在纳库鲁湖边……

世界级奇观

东非大裂谷深达数百米至 2000 米，最宽处达 200 千米以上，贯穿肯尼亚全境。赤道也从肯尼亚横穿而过，与东非大裂谷相交叉，这让肯尼亚有了个"东非十字架"的称号。在东非大裂谷两侧，分布着众多火山，其中就包括被誉为"非洲屋脊"的乞力马扎罗山。

"非洲屋脊"乞力马扎罗山

人类文明的发源地

在 20 世纪 50 年代末，人们在大裂谷发现了大约 200 万年前的史前人头骨化石。随着新的化石出土和多次考古研究，科学家们普遍认为，人类共同的祖先起源于非洲，并分化出了很多人种与部落，并向世界各地扩散，东非大裂谷也因此被认为是人类文明的摇篮。

💡 你知道吗？

今天，东非大裂谷仍在不断地扩张演变，有地质学家预言，随着裂缝的持续扩大，未来东非大裂谷可能会把好望角分裂出去，到时地球会形成"八大洲、五大洋"的新格局。

撒哈拉沙漠曾经是一片绿洲？

"撒哈拉"是什么意思？

阿拉伯文的意思是"一无所有"。

世界上最大的沙漠

在辽阔的非洲大陆北部，沉睡着世界上最大的沙漠——撒哈拉沙漠。它横跨 11 个国家和地区，面积超过 900 多万平方千米，即便从遥远的太空中遥望地球，撒哈拉沙漠的轮廓依然清晰可见。撒哈拉沙漠全年大部分时间盛行干热的哈马丹风，气候干燥炎热。白天最高气温能飙（biāo）升至 50℃。这里昼夜温差极大，能达到 15~30℃。据说在起伏的山区，到了傍晚太阳下山以后，常常能听到"噼噼啪啪"的响声。这是由于昼夜温差过大导致石头热胀冷缩，石头爆裂时发出的声响。

远古岩画的秘密

"撒哈拉"，阿拉伯文的意思是"一无所有"，然而，它真的是一无所有吗？ 早在 1850 年，德国探险家就在撒哈拉沙漠中发现了神秘的壁画。迄今为止，在这片神秘的荒漠之中已经发现了上万处史前石刻和岩画。这些壁画内容丰富多彩，有栩（xǔ）栩如生的羚羊、有卧地休息的长颈鹿、有牵牛放牧的女孩，还有骑马狂奔的热烈场面……这些岩石艺术不仅证明了这里曾经是食草动物的天堂，还展示了曾经居住在这里的人类的早期文化和艺术。

撒哈拉沙漠岩画

绽放的"沙漠玫瑰"

撒哈拉沙漠的深处，孕育着一种独特的"沙漠玫瑰"，它并非真正的鲜花，而是一块块形态奇特的红色沙石。这些沙石形状宛如一根根花枝，上面覆盖着层层叠叠的花瓣，酷似玫瑰，点缀在广袤无垠的金色沙漠之中。由于开采困难，"沙漠玫瑰"的产量稀少，尤其是那些完整展现出花卉特征的更是罕见。因此，"沙漠玫瑰"在天然奇石市场上占据着特殊的地位，具有极高的收藏价值。

撒哈拉沙漠中的"沙漠玫瑰"

沙漠里的奇异动物

尽管撒哈拉沙漠干旱炎热，但依然有许多动物在这里繁衍生息，展现出惊人的生存技能。比如，耳廓狐拥有硕（shuò）大的耳朵，可以帮助它们散热；眼镜蛇则巧妙地潜伏在沙土之中，静待猎物的出现；蝎子虽小，却毒性强烈，堪称沙漠中的"小霸王"；秃鹫（jiù）展翅盘旋于高空，寻找着生命的馈赠；骆驼被誉为"沙漠之舟"，能在极端干旱的环境中行走很长时间；非洲鸵鸟虽然失去了飞翔的能力，却拥有惊人的奔跑速度；巨蜥则是沙漠中的爬行健将……

📖 知识加油站

骆驼之所以能在恶劣的沙漠环境中长途跋涉，主要是因为它有忍耐饥渴的本事。骆驼的毛细血管管壁较厚，管腔比较狭小，可以防止毛细血管中的水分向外蒸发。同时，驼峰中储存的大量脂肪，使骆驼耐饥饿的能力也特别强。

澳大利亚人为什么要在"帆船"里听歌剧?

好想去帆船里听歌剧!

歌剧……你确定能听懂?

海上的"澳洲之花"

悉尼歌剧院这朵"澳洲之花",绽放在澳大利亚最大城市悉尼的悉尼港畔。这座高达20层楼的歌剧院三面临海,三组巨大的"洁白贝壳片"交错拱立在歌剧院顶部,与蔚蓝的天空交相辉映。远远望去,它像一艘即将扬帆启航的帆船(尽管按设计师后来的解释,这既非风帆,也不是贝壳,而是切开的橘子瓣,但他个人也非常喜欢前面这两个比喻)。这座造型独特的歌剧院集多功能于一体,能同时容纳六七千人,是世界上唯一一座建在海边的歌剧院,也是悉尼闻名遐迩的标志性建筑。

悉尼歌剧院

险些失之交臂

悉尼歌剧院的设计方案是从来自全世界的 233 份国际设计竞赛作品中脱颖而出的。起初，丹麦建筑师约恩·乌特松的作品并没有获得评委们的认可，他们认为这个创意太大胆、太与众不同了，无法担当悉尼的新名片。然而，当时的评委主席却慧眼识珠，在一堆被淘汰的作品中发现了乌特松的作品并大为赞赏。在他的坚持下，乌特松的设计最终被采用。这位当时还没什么名气的建筑师因此还赢得了 5000 澳镑（bàng）的奖金。

5000 澳镑

233 份

设计师：约恩·乌特松

唉，一辈子的遗憾啊！

一辈子的遗憾

悉尼歌剧院动工后，不断遭遇工程技术、经费超预算的困扰，甚至还一度成为政治斗争的牺牲品。乌特松因感到自己的创作自由受到限制，无法实现自己的设计想法，最终选择退出项目（当时工程仅完成四分之一）。后来，这项工程交由多位设计师共同负责，在拖延了 17 年之后，终于竣工，花费超出预算十几倍。遗憾的是，直至 2008 年乌特松逝世，他都未曾再踏入澳大利亚，更没有亲眼看到悉尼歌剧院竣工后的样子。

最"年轻"的文化遗产

悉尼歌剧院的贝壳形屋顶由 2194 块混凝土预制件巧妙地拼接而成，其外立面覆盖了 105 万块白色瓷砖，这些瓷砖经过特殊处理，不仅无需清洗，还具备抵抗海风侵蚀的特点。剧院内部设计独具匠心，未设传统空调系统，而是创新地利用外围海水维持恒温，这在当时都是建筑界的超前尝试。更令人骄傲的是，这座建成仅 50 多年的悉尼歌剧院已在 2007 年荣登《世界文化遗产名录》，成为澳大利亚最"年轻"的世界遗产。